JN025024

死

生命はなぜ死を受け入れたのか、
また、私は死ねばただ無になるのか

新山喜嗣
Yoshitsugu Niiyama

春秋社

まえがき

いつの頃からか、われわれ日本人は、自分の死をひどく受け入れ難くなったように思われます。この受け入れ難さは、人間は死んだあとどうなるかという問いと、その問いに対してわれわれが日頃携える答えに直接結び付いていることは間違いないでしょう。ここではっきりと述べるならば、現代の日本人は、人間が死んだあとには存在の絶対的な否定としての無があり、その無はその後永遠に続くという死生観を携えているのではないでしょうか。つまり、自分は死後にホコリ一片ほどもなくなり、二度とこの世界に出現することはないという死生観です。もし、この死生観が示す人間の運命が確かであれば、われわれの将来にとってこれほどの残酷はないでしょう。

むろん、そのような死生観を否定するための道具立てを、人類は何千年もかけて作り出してきたはずです。言うに及ばず、それこそが宗教です。ほぼ全ての宗教が、死後の永遠の存続をわれわれに約束してくれています。かつて、この宗教はわれわれの生活の細部までを規定するような絶大なエネルギーをもち、一方で、そのエネルギーの分だけ、われわれは自分が死によって完全な無に化すという思考を否定することができていたのかもしれません。

しかし、とりわけここ数十年、日本人にとって宗教は、葬儀を中心とした死者儀礼の手段として一時的にもち出されるものに過ぎないか、あるいは、盆や正月などの年中行事の中に淡く痕跡をとどめる程度のものに変わりつつあります。これは、たとえば諸外国においてキリスト教やイスラム教など何らかの宗教をもつ一般の国民が、毎日の神への祈りを欠かさず、そのつど死後の世界に思いを馳せるといった宗教的態度と大きく異なっているように思われます。もはや、多くの日本人にとって宗教は、自分の死という途方もない事態を受け入れるに足るエネルギーを失い、それに相応して死はわれわれにとってますます受容し難い対象に変貌してきたようなのです。もしかすると、現代の日本人は世界の中にあって、もっとも自分の死を受容できなくなった国民なのかもしれません。

もっとも、われわれが近親者や友人などの死について語るとき、「君は私たちの心の中に生きている」とか、「雲の上から私たちを見守ってくれ」といった、死者がどこかに存在していることを意味する言い回しをすることが時々あります。このように、死後にも人間は何らかの形で存続することへの期待を、われわれが現在でも残していることは確かです。しかしながら、もう一方では、死者が永遠に存在するなどということは真っ赤な嘘であり、人間は死によって跡形もなく消失すると密かに考えているのではないでしょうか。実際に、先の「君は私たちの心の中に生きている」という言葉にしても、裏を返せば、死者は生きている者の心の中以外には、それ自体としてはもはや存在しないことを意味しているようにも聞こえます。

たしかに、われわれが人間の死後についてそのように考えるようになったのには、それなりの理由があるように思われます。今日の日本人の生活には、現代科学が生み出した文明の産物が暮らしの隅々までゆきわたっており、そのことをわれわれは別段拒否するわけでもなく、むしろ、積極的に現代科学の恩恵を享受してきました。それと同時に、われわれは現代科学が解明する世界の合理的な秩序を信用してきました。現代科学は、われわれが以前まで魂などの言葉で呼んできた自分に備わる感情、意志、記憶といった心理的な内容の全てが、人間の頭蓋骨の中にある脳という組織が作り出したものであるらしいことを教えてくれています。自分に死が訪れたとき、脳は崩壊して単純な分子にまで分解してゆくとすれば、自分の魂はその時点で消失すると考えることは、科学の合理性に従う限りむしろ自然なことかもしれません。おそらく、いざ自分に死が迫ったとき、それまで信奉してきた科学の合理性を否定し、手の平を返すように宗教的信念に乗り移ることには多くの人々が躊躇してしまうものと思われます。ほとんどの日本人にとって、科学的真理とされるものこそが、日常生活を送る上でのバイブルであり、今さらそのバイブルを手離すわけにはいかないのです。

でも、これまで述べてきたように、科学的合理性に従って生きることは、その分だけ自分の死を受け入れ難くすることでもあります。今や日本は世界一と言っていい長寿国ですが、それは一方では、多くの人々が人生の最終段階で長い時間にわたって自分の死と向き合う必要が出てきたことを意味しております。誰であっても、自分が受け入れ難いことと向き合うことは並大抵のことではありません。とりわけ、今後二十一世紀の序盤から中盤は、第二次世界大戦後のベビーブームで生まれた団塊の世代が、一度にこの世を去ってゆく時代にあたります。筆者もこの世代に近い精神科の医師ですが、空前の大量死の時代が、目前にやって来ていると言っても過言ではありません。このことは、死がそう遠くない将来にやってくる非常にたくさんの人々が、今まさに自分の死と向き合っていることを意味します。おそらくこの団塊の世代は、科学的合理性にどっぷり漬かって生きた最初の世代ではなかったでしょうか。したがって、この世代の人々は宗教的死生観がもはや希薄化した現代の日本人のフロントランナーとも言えるでしょう。そして、このフロントランナーに続く現代の日本人のほとんどが、自分の死を受容する準備がほとんどできていないまま、日々の生活を送っているものと思われます。

もっとも、たいていの人々は、本当は死を受容する準備をいつかはしなければならないことを、薄々気付いているのではないでしょうか。ですが、そのいつかはだいぶ先でもよいはずだと、自分で決め込んでいるようなのです。ことによると、それは永久に執行猶予付きであるといった幻想をもっているような人々もいるようなのです。結局のところ、大部分の人々は、死を受容する準備についてはいったん棚上げし、目下、目の前にある生活の雑事に追われることになります。

それでも、誰にとっても死は現実のものとなるべく少しずつ迫ってきます。かなり目前まで迫ったところで、これから自分の死がどのようなものであるか考えようとしても、そのときには思ったほど時間が残されていないのが実状です。したがって、多くの場合、死の問題は宙に浮いたままとなります。そして、死に対する自分なりの心構えが十分に整いきる前に、予想もしていなかったある日、不意に死に追いつかれてしまいます。

もちろん、自分の墓を生前に作ったり、自分の葬儀を葬儀社に申し込んだり、自分の所有物の整理や遺言書を作ったりなど、自分の死の外回りのことについてはもう準備が済んでいる人々も中にはいるかもしれません。しかし、そのような人々においても、肝心な死の中核となる問題である、死後に自分はどうなるかということについては、いまだ手付かずのままではないでしょうか。

このように、死の中核に関わる問題への準備ができていないまま死が訪れるとすれば、それは唐突な死と言えるように思われます。たしかに、一般にわれわれは、災害や事故による不慮の死、あるいは、あまりにも若すぎる死に対して、唐突な死という言葉をあてがうかもしれません。しかし、もし死後における自分の行く末という死のもっとも中核となる部分が不明なまま死に臨むのであれば、それはやはり唐突な死にあたると思われるのです。そのような意味では、不治の病によってだいぶ以前から余命を医師から告げられていた人の死も、百歳をとっくに過ぎて天寿を全うしたと周囲から称されるような人の死も、死後の見通しをもたないまま死へと向かうときには唐突な死にあたることに変わりありません。

ところで、われわれは、これから起こることにビクビクしているとき、よく先輩などから「とにかく慣れることだ」というアドバイスをもらうことがあります。たしかに、生きている時代に経験する事柄については、このアドバイスが結構有効なことがあります。しかし、自分の死というあくまで一人称の死に関して言うならば、われわれはいったい何に慣れればいいのでしょうか。

一回きりのことに対しては、慣れようがありません。いかに老獪な人生の達人であっても、死を迎えるにあたっては初心者マーク付きです。自分自身の死に対して、われわれは決して慣れることはないでしょう。

慣れることがないのであれば、せめてこれから起こることがどういうことか知っておきたいものです。しかし、自分の死後には絶対的な無が待ちうけているという死生観をもつ人にとっては、その知るということがたやすいことではありません。およそ、古今の哲学者たちが、〝在る〟ということの対概念である〝無〟ということがどのようなことであるかという存在論のもっとも根本にある問題と、全力で格闘してきた歴史があります。しかし、いまだ〝無〟が何であるかという問題については、一定の結論に収束する気配はありません。さらに、自分の死の場合には、その〝無〟が自分において起こるということはいかなることかという、さらなる設問が一つ積み重なることになります。これだけでも、自分の死を知ることが相当な難題であることが窺えます。

しかし、それでも、死は確実にやってきます。死後に自分はどうなるかを知らぬまま死へと旅立つことは、ちょうど両手で目を塞ぎながら水面までの距離を知らされていないジャンプ台から水に飛び込む水泳選手にも似ています。死が怖いのは当然のことであり、その死をひどく受け入れ難いのは当然なことだと思います。これを、臆病であるとか卑怯であるとか非難をすることは全く筋違いでしょう。虚心坦懐に、自分自身に死という得体の知れない事態が必ず訪れることを認めるならば、たとえ戦慄を伴う恐怖心をもったとしても、それはむしろ死に対する正直な態度であると思います。

そのような中で、これまでも、不可思議とされる死を人間の叡智の領域に引き入れようとして著された論考や解説書が、それほど多くないにせよ世に出されてきました。それらにおいては、それぞれの著者に固有な死生観が述べられております。ただし、それでも多くの場合、それらの書にはある共通する主張があるように思われます。それは、死がわれわれの生を意義あるものに照らし出しており、だからこそ残りの生を大切にするべきだという主張です。もちろん、本書の筆者としてもそのような主張に反対はしません。しかし、それらの書はもう一つの共通点をもつように思われます。それは、何らかの宗教的な主張を目的とする書を別にすれば、いずれの書においても、死の核心部分である死後に人間がどうなるかという問題については慎重に避けられているように思われるのです。つまり、その主眼はあくまで現在の生をどのように全うするべきかに注がれており、最後まで死の外回りについての記述に終始しているのです。これは、あたかも死の核心部分には目を塞ぐべきとし、死後の運命については宗教が語るべきとしているようにさえ見えます。けれど、これまで述べてきたように、現代を生きる日本人の多くが、科学的真理こそ信じるに足る対象であるとし、それと相反する宗教的死生観は受け入れ難いとしているようなのです。もはや、死後の運命を知りたいという願いを、われわれは断念せざるを得ないのでしょうか。

ここで、本書の目的をはっきりさせたいと思います。本書の目的は、決して両手で目を塞ぐことなく、死後に自分はどうなるのかという、素朴であり、かつ、われわれが日頃自分の死について恐れと不安を抱いている、死の核心部分を見てゆくことにあります。たしかに、社会的存在としての人間が死ぬことについては、当人の死に対する周囲の心理的反応から始まり、死者儀礼に関わる慣習や文化など様々な派生的な要素が付随します。ですが、本書はそういった要素にはほとんど関心を示しません。なぜなら、それらの要素は、たいていの場合死の核心部分からはそれた、死の付属物にあたるものだからです。もし、その付属物について語ることが死そのものについての語りであるとみなされるなら、死がいつのまにか別のものにすり替えられていることになるでしょう。本書の目的は、あくまで死の核心部分を探ることにあり、ストレートに人は死ぬとどうなるかを見定めてゆくつもりでいます。

本書は、大きく三部からなっています。第I部では、死に関わる自然科学に目を向けながら、とくにバイオロジーの観点から生物にとっての死を見てゆきます。そこでは、地球の三十八億年にわたる生物進化の歴史の中で、始めのうちは死というものが伴わなかった生物に、どのようにして死という現象が伴うようになったのかを見てゆきます。同時に、人間にとって死は必然的なものか、それとも死は偶然的に授かったものかを見てゆきます。第II部では、バイオロジーの応用的分野である臨床医学から死を見てゆきます。そこでは、われわれが考えている以上に死はゆっくりとしたプロセスであり、「死の瞬間」といったものは存在しないという見解を示します。同時に、精神のありかとされる人間の脳が、死に伴ってどのような変化をしてゆくかを見てゆきます。また、死によって消失すると一般には考えられている主観的体験としてのクオリアについても、生の連続性との関連から触れることになります。第Ⅲ部は、本書の中心となる死の哲学を主題とする部分であり、他でもないこの自分に死が訪れるとき、死の核心となるものは何かという点に迫るつもりです。そこでは、世界に多くの人間が存在する中で、自分がたまたまある一人の人間について〈私〉、〈今〉、〈ここ〉という特異点を形成するということに注目します。この特異点としての契機は、全ての自然的世界の事実から独立していますが、一方、身体や脳の崩壊としての人間の死は自然的世界の事実です。したがって、死に臨んで脳に付随するクオリアの内容面はことごとく消失しても、自分の特異点としての契機は影響されることはなく、その特異点はある種の存在資格をもったまま残存するという考え方を提出します。

このように、本書の最終的な到達点は、人間は死後に無と化したままそれが永遠に続くという死生観を否定するものとなります。しかし、本書ではこのような到達点に至るにあたって、現代文明を作り上げた自然科学的な合理性を投げ捨て、いっぺんに宗教的な価値観や神秘的な匂いのする何らかの原理に乗り移るようなことは一切しません。むしろ、自然科学的な合理性を尊重し、だからこそ、自然科学が拠って立つ物質や世界に関する基本的な構図を、第Ⅰ部と第Ⅱ部において今一度吟味します。そして、このような吟味の過程で明らかになることは、自然科学的な物質や宇宙の構図の中に、個体、同一性、時間といったこれまで哲学においてとりわけ形而上学のテーマとされてきた問題がたくさん隠れているということです。したがって、本書の三つの部はそれぞれが無関係に独立しているわけではなく、第Ⅰ部と第Ⅱ部の現代科学における死に関する検討は、第Ⅲ部で議論される死の哲学の扉を開く役割をしていると言えます。実際に、第Ⅱ部の最終章では人の同一性やクオリアに関わる議論をしておりますが、この時点ですでに哲学の問題領域に足を踏み入れていることになります。

実のところ、こういった個体、同一性、時間といった一見すると地味で難解な主題に対して、二十世紀後半から二十一世紀にかけてもっとも愚直に取り組んできたのは、主に英語圏で展開されてきた分析哲学であるように思われます。ちなみに、先のクオリアについても、これまで分析哲学を土壌にした〝心の哲学〟の中で一連の議論がなされてきた経緯があります。したがって、本書で死のもっとも中核的な部分を扱う第Ⅲ部は、分析哲学の、それも近年では〝分析形而上学〟の名前で呼ばれる話題領域の議論が主になります。もちろん、この本を読んでくださる全ての方々が、哲学や形而上学に精通していたり、興味をもっているとは限らないと思います。まして、現代哲学の分析形而上学にいたっては、最近でこそ若い世代を中心としてこの方面の研究者が急速に増えておりますが、本邦ではまだローカルな領域とされているかもしれません。ですから、バイオロジーなどの自然科学に関心のある方は、どうぞ第Ⅰ部だけをお読みになって結構です。または、臨床医学に関心のある方は、第Ⅱ部の3～5章だけをお読みになって結構です。むろん、哲学にのみ関心のあるかたは、第Ⅱ部の6章と第Ⅲ部だけをお読みになっても結構です。筆者としてもこのような場合に備えて、文意がわかるように各部の間で最小限の重複がある記述をした部分があります。ただし、筆者からのお願いとしては、どのような方々も、第Ⅲ部の「8章1節　死によって特異点は消失するか」だけは目を通していただけないでしょうか。なぜなら、この節には、自分は死によって決して無に帰すのではないという本書のもっとも核心的な主張が記述されているからです。

われわれにおける死の姿は、普段の生活からは見えにくい所にあり、あたかも深い海底にべったりはり付いた貼り絵にも似ています。しかし、大海は全てが繋がっております。ですから、たとえどこから潜っても、行き着く先は一緒であり、最後には海底にある死の驚くような光景をわれわれは目にすることができると思います。

どうぞ、どこからでも自由に潜っていってください。

死

生命はなぜ死を受け入れたのか、
また、私は死ねばただ無になるのか

目　次

死

生命はなぜ死を受け入れたのか、
また、私は死ねばただ無になるのか

第Ⅰ部

死は必要なのか

バイオロジーからの検討

Prologue
プロローグ

われわれの生誕には二つの偶然がある。一つ目の偶然は、二十万年前に出現したホモ・サピエンスの長い連続の中で、たまたまキリストの生誕から二千年ほど経った二十世紀から二十一世紀の頃に、自ら選んだわけではないある国家の、これも自ら選んだわけではないある両親の子として出生したという偶然である。二つ目の偶然は、そもそも誕生することもなく、この宇宙の生命の一つであることさえなかったかもしれないのに、それにもかかわらずこの世に生を受け、まさしく生きているという偶然である。

死もまた偶然である。われわれは、予期しなかった原因によって、予期しなかった期日に死を迎えるであろう。たとえば、たまたま検診を怠った臓器のガンによって、あるいは不運にも罹患した感染症によって、場合によっては、突然の災害や事故によって、まるで予想もしていなかった死の経過をたどるであろう。この種の死に関わる偶然は、ちょうど前述の生誕に関わる一つ目の偶然に対応するかのように見える。なぜなら、どちらの偶然も、理由と時とを自ら選び取ることができないという点で共通しているからである。[1] ところが、生誕がもつ二つ目の偶然であることの世にたまたま生を受けたことに対応する死に関わる偶然が存在するかというと、そういった偶然は一見すると見当たらないように思われる。なぜなら、いつの日にか死が到来することは偶然ではなく、われわれにとっては必然であるように思われるからである。実際に、われわれ人類は永遠の生をもった人間の実例を一つも目にしたことがない。驚くほどの長寿を全うした人間はいたとしても、その生もやはり時限付きであった。こういったわれわれの経験的な事実は、人間の死が不可避であるという相貌をわれわれに見せつける。このことから、たとえこの世に出現したことは偶然だとしても、一方で、この世から消え去ることは必然であるという抜き難い信念をわれわれはもつことになる。

本書は、このようなわれわれが共有する信念をいったん相対化しようとするものである。つまり、死すべき生という人類の歴史において自明とされてきた教条を臆面もなく検討の俎上に載せようとするものである。一見すると途方もないこの試みは、この第I部ではひとまず人間の死をバイオロジーの視点より見ることから開始する。最初に、生命にはなぜ死が伴うのかという問題に対するバイオロジーの代表的な知見を見てゆくが、ここでは、人のような多細胞生物では死が必然的であるという見解がいったんは提出される。次に、バイオロジーやバイオロジーを含む自然科学の中に、人の死が必然であるという主張への反論がないか探してゆくが、もし反論ができるとすれば、どのような意味での反論が可能かを吟味してゆきたい。

第1章

生物にとって死は必然的か

1・1　ヘイフリック限界

細胞の新旧交代

われわれの周囲に存在する生物の多くが、膨大な数の細胞より構成される多細胞生物であり、ヒトもその仲間である。多細胞生物では、アメーバやゾウリムシのような単細胞生物とは異なり、身体を作っている細胞のうちの相当数を毎日廃棄し、廃棄した分だけ新しい細胞に置き換えている。たとえば、ヒトは、人体を構成する六十兆の細胞のうちから、その約二百分の一の三千億個の細胞を一日に廃棄し、それを補完するために毎日ほぼ同数の細胞が生産されている。この新たに生産される細胞は、元の細胞のＤＮＡが半保存的複製という仕方でコピーされ、一個の細胞が二個の細胞へと細胞分裂することによって作られる。一方、廃棄される細胞は、後述するアポトーシスと呼ばれる細胞を死滅させるメカニズムによって秩序正しく分解され、最後に元の細胞はきれいに消失してしまう。[2]このように、多細胞生物では身体の各部分の細胞が絶え間なく新旧交代を遂げることによって、一定の新しさをもった細胞によって構成され続けることが可能となる。

新旧交代の停止

ただし、この新旧交代を永遠に続けることができるかというと、いつかそれができない日がやってくる。それは、一個の細胞が分裂をすることができる回数は脊椎動物では生物種ごとにあらかじめ決まっており、その回数を過ぎると細胞は分裂を終了してしまうからである。[3,4]これがヘイフリック限界である。ヒトのヘイフリック限界は五十回〜六十回であり、その回数の分裂には約百二十年かかるとされている。ヒトの身体を作る細胞は、その回数まで分裂をすると、それ以降は分裂による増殖ができないことになる。この細胞増殖の停止は、アポトーシスで死滅する分だけ新しい細胞の生成によって細胞の補完をしていた身体にとって、その補完ができなくなることを意味する。

もっとも、このような分裂増殖の停止は、ある日全ての細胞で同時に発生するわけではない。ヘイフリック限界が細胞によってある程度の幅をもつために、身体の各部位での新旧交代が停止する時期は多少のずれがある。[5]ただし、このようなずれをもちつつも、ある時期が来れば、身体を作るどの臓器や器官においても新たな細胞の補完が確実に終了する。

老衰による死

ところで、死に関するわれわれの理解には、事故や災害に遭遇することでもない限り、何らかの疾病に罹患することによって命は失われるとする理解が一般にあるように思われる。このことは、医師においても例外ではないであろう。たとえば、九十歳を過ぎたいわゆる超高齢者が死亡したとして、このときに死因を特定することがかなり困難だったとしても、主治医は死亡診断書の死因の欄に〝老衰〟と記入することにはいったん躊躇するであろう。それは、医師においても、人間が〝自然に〟死に至ることはなく、たとえ見つけることができなくても、背後に何らかの死に導いた疾病が存在したはずであるという理解があるからである。

しかし、もしも百二十歳の高齢者が、特定できる疾患がないままに死亡したとしたら、死亡診断書の死因はどのように記入されるべきだろうか。そのときには、ひょっとすると〝老衰〟と記入することはそれほど不適切なことではないかもしれない。なぜなら、この百二十歳という数字はある特別な意味をもつからである。すなわち、精子と卵子から受精卵ができて、それが分裂を繰り返していったとき、ヘイフリック限界の五十〜六十回の細胞分裂をし終えるまでの時間が先述のように約百二十年なのである。したがって、百二十歳の人間の身体を作る細胞はもはや分裂による増殖は停止し、身体の各部位で進行するアポトーシスによる細胞の死滅のみが一方向性に進むことになる。これはとりもなおさず、ヒトの死を意味する。

テロメアの秘密

多細胞生物は、種によって寿命が異なるが、それを規定している因子として、近年は真先にこのヘイフリック限界が取り挙げられることが多い。実際に、ガラパゴスゾウガメのヘイフリック限界はヒトよりもずっと多く九十回〜百二十回とされているが、ゾウガメ類では百八十歳の個体が現存する。逆に、ヘイフリック限界が八〜十回のマウスは二年ほどの寿命しかもたない。まさしく、ヘイフリック限界は、神がそれぞれの生物種に与えた厳然たる命の持続時間であるかのようである。それでは、このようなヘイフリック限界を神はどのようにして生物の中に仕組んだのであろうか。[6]

近年の生物学における研究は、細胞のDNA末端にあるテロメアにその秘密を見出した。それは、次のようなメカニズムである。細胞が分裂するときには、二本のDNAの二重鎖がほどけると同時にそれぞれのDNAが鋳型となって新しい二重鎖が形成されるが、DNAのもっとも端にあるテロメアの一部分は複製されない。その結果、一回分裂をするごとにその部分のテロメアが短くなる。そして、細胞が分裂を繰り返すうちについにはテロメアは最初の長さの半分程度になるが、細胞はテロメアがこの長さになるともはや分裂できなくなる。[7,8] これが、現在ではヘイフリック限界の正体であると考えられている。実際に、テロメラーゼというテロメアの短縮を防ぐ酵素の活性が高い細胞であるガン細胞では、終結をもたない無限の分裂増殖を続ける。[9]

われわれはヒトという多細胞生物であり、身体の組成を絶えず新しい細胞に取り換えるが、同時に、今述べたテロメアが関与する細胞分裂のメカニズムによってその身体の維持には終結点が作られている。このことは、われわれの生が身体に基礎づけられている限り、その生は生物学の秩序に従って必然的な終結点をもつことを示唆しているようにまずは見える。[10]

1・2 生物の進化と死の発生 はじめ生物に死はなかった

多細胞生物への歴史

地球上に最初の生命が誕生したのは約三十八億年前であり、その後の長い進化の果てにわれわれ人間がいる。最初の原始生命体は、細胞膜で外界と隔離された一個の細胞体であった。当初は自己複製をRNAが担っていたが、その後、より化学的に安定した性質をもつDNAが遺伝情報を担うようになる。ただし、この時期の生命は大腸菌のように単純な構造から成り、細胞の中にDNAを収納しておく核をもたない「原核生物」であった。生命が原核生物であった期間は長く、その後約二十億年続いた。

そして、この原核生物の時代の終わりあたりに、細胞の周りを固い細胞壁で囲われた生物と、周囲が柔らかい細胞膜に覆われただけの生物の二系統に分かれることになる。とりわけ、後者の生物は複数の仲間と合体して一つの大きな細胞となる道を選び、そのときに増えた遺伝子は一つに集められて、それら遺伝子を中にまとめる球状の膜ができる。この球状の膜は核と呼ばれ、それ以降生物は「真核生物」の時代に入る。もっとも、この真核生物が出現した約十八億年前は、生物はまだ一個の細胞だけからなる単細胞生物であった。しかし、この真核生物はその後しだいに複数の細胞が集まって一つの個体を形成するようになり、人間もその中に含まれる多細胞生物へと進化する。これが約十億年前であるが、生物進化の話はいったんここで中断したい[11]。

はじめ生物に死はなかった

実は、ここまでの生物進化の過程の中に、本書の主題に関わる重大な事実が存在する。それは、生命の誕生から約二十億年にわたって生物は原核生物として存在したのであるが、この期間は生物に死は存在しなかったのである。たしかに、この原核生物でも熱、放射線、圧力といった物理的な侵襲を加えれば死滅するが、前節で述べたようなヘイフリック限界といったものをこれらの生物はもたない。このことから、生存するための環境さえ整えられていれば原核生物は永遠に分裂増殖を続けることができたのである。ちなみに、現在でもヒトの消化管内に百兆個ほど存在する大腸菌は原核生物であり、たしかに宿主である人間の死亡と共に死滅するが、仮に何らかの生存のための条件を用意してやれば、永遠に生存することが理論的には可能である。

このことは、地球上の生命出現から現在までの約三十八億年の中で、その半分以上を占める約二十億年の期間について、死は絶対的なものではなかったことを意味する。したがって、われわれがよく耳にする「生きとし生けるものは必ず死ぬ」という死に関する言説は、生物の長い歴史を振り返る限り、むしろ当てはまらない期間のほうが長かったのである。

それでは、原核生物はなぜヘイフリック限界をもたないのだろうか。これは、真核生物のDNAが線状に連結をして両端にテロメアを有するのに対して、原核生物ではDNAが環状に連結することに起因する。つまり、円い輪となって繋がっているために末端が存在せず、したがって、複製のたびに短縮するテロメアを構成する部分をもたないのである。ちょうど、ゴム輪のように円く繋がっているDNAが、そのままの長さで同じくゴム輪のように円く繋がるDNAを複製する姿がまさにこれにあたる。このことから、真核生物のように分裂のたびにDNAの末端が短縮することもなく、原核生物では止むことなく分裂を繰り返すことができたのである。

中間的な死の発生

先述のように、今から約十八億年前に真核生物が出現して生命の終結点をもつ生物へと進化するが、ただしこの時期の真核生物はゾウリムシやアメーバのような単細胞生物であり、死を定義する上で曖昧さをもつような生物であった。それは、生物体としての死の規準をどこにおくかで、死とされる対象や時点が異なるような生物であり、たとえばゾウリムシにおける「接合」や「オートガミー」にその例を見ることができる。[12]

最初に「接合」であるが、近傍にある二つのゾウリムシが互いに腹面で接触し、そのときに遺伝子情報を交換する。その後、両者は再び離れるが、細胞内の核にある遺伝子情報は以前と別のものになるが、単細胞生物をかたち作る個体としての細胞体は元のままである。一個のゾウリムシは、無限にこの接合を繰り返して生き続けると考えられている。このとき、核にある遺伝子情報に着目すると、接合において以前の遺伝情報には死が発生していることになるが、一方、ゾウリムシの身体を作る細胞体に着目すると、以前のままの細胞体でありそこに死は発生していないことになる。次の「オートガミー」では、さらに死の判断に複雑な要素が加わる。オートガミーは、ゾウリムシが近傍に他のゾウリムシがおらず、かつ、飢餓状態であるような特殊な状況で観察される現象である。このときには、一個のゾウリムシの内部にある核の間で遺伝子情報の交換が行われる。このオートガミーによっても、一個のゾウリムシは無限にこれを繰り返して生き続けると考えられている。このとき、細胞体に着目すると接合のときと同様に、細胞体の内部で全ての過程が完結しておりそこに死は発生していないように見える。しかし、遺伝子情報に着目すると死に関わる問題について、接合のときには生じなかった新たな問題が出てくる。つまり、遺伝子情報については新たなものに入れ替わっているので、以前の遺伝子情報には死が発生していると言えそうであるが、このオートガミーでは新たに獲得した遺伝子情報は元々自身の体内にある核にあった情報に由来するものである。そこに死が発生しているかどうかについては、意見が分かれるに違いない。

死の発生

今日、われわれが異論なく生物の死として認めるような身体全体の崩壊は、約十億年前の多細胞生物の出現を待つことになる。われわれが肉眼で認めることができるようなサイズの生物は、どんなに小さくても複数の細胞で構成された多細胞生物である。多細胞生物では、生命を維持するために特化された機能をもつ臓器や器官が身体じゅうに数多く存在するが、死に際しては多少の時間のずれをもちながら、個々の臓器や器官が次々に機能を停止する。同時に、これらの臓器や器官の機能を全体として統括する一個の生物体としての機能も停止してゆく。これが、一般に多細胞生物の死とされているものにあたる。そして、この多細胞生物では先に述べたヘイフリック限界が存在することから、たとえ死をもたらす全ての疾患や事故から免れたとしても、一定の期間の生存の後には必ず死がやってくる。[13]

ところで、単細胞生物が多細胞生物に進化することで、生物は重要な特性を新たに保持することになった。それは、身体の細胞がヘイフリック限界をもつ体細胞の系列と、ヘイフリック限界をもたない生殖細胞の系列に分化するようになったことである。生殖細胞は、卵子や精子を作る一連の細胞群からなるが、これらの細胞はテロメラーゼという酵素をもつことからテロメアを伸ばして元の長さにリセットする能力をもっている。したがって、生殖細胞は、無限に細胞分裂を続ける能力をもっている。

体細胞の系列と生殖細胞の系列の二つの系列の細胞は、それぞれ生物としての分業を行うことにより、前者が身体の大部分を構成すると共に生物個体の生や死に関わり、後者がもっぱら遺伝情報を次世代に引き渡す有性生殖に関わることになった。ここで、注目すべきことがある。それは、このような有性生殖は二本鎖のDNAをもつ生殖細胞がいったん減数分裂をし、一本鎖のDNAをもつ卵子や精子といった配偶子になり、別々の親由来の二つの配偶子が合体することにより受精が成立する。このときの減数分裂は、ヘイフリック限界を有する線状のDNAをもつ生物だけが可能であり、ヘイフリック限界を有しない環状のDNAをもつ生物では不可能である。したがって、ヘイフリック限界を有する生物だけが有性生殖をすることが可能であり、一方、ヘイフリック限界がなく死が到来しない生物では有性生殖をすることができない。このことが、「性が死をもたらした」と言われることの一つの所以である。

1・3 アポトーシス 細胞の自殺

C. エレガンス

前節で、多細胞生物の細胞における新旧入れ替えのときに、古い細胞はアポトーシスによって消失することを述べた。ただし、このアポトーシスは新旧の細胞が入れ換わるときだけではなく、細胞が自らを死滅させる様々な場面で重要な役割を果たすことがわかってきた。アポトーシスの研究は、身体が透明なC．エレガンスという名前の線虫を対象にして始められた。これは、C．エレガンスが比較的単純なDNA配列をもつことから、遺伝子がどのような働きをするかを分析しやすかったからである。[14] その結果、DNAの中には細胞に死をもたらす「死の遺伝子」があらかじめ組み込まれていることがわかった。この死の遺伝子が作動すると、細胞内では自身を構成する要素を分解する酵素が活性化され、細胞は細かく分解される。そして、それら断片は最後にマクロファージなどの異物を取り込む細胞に貪食され、元の細胞はきれいに消失してしまう。[15][16] このアポトーシスによる整序された細胞の消失は、プログラム化された〝細胞の自殺〟と言うことができ、生物が外部から予期せぬ侵襲を受けたときに細胞膜が破れて細胞内の物質が細胞外に飛び出すネクローシスとは根本的に異なる現象である。

死の遺伝子のスイッチ

それでは、このアポトーシスを発現させるDNA内の死の遺伝子は、先述の細胞の新旧交代の他にはどのようなときに作動するのだろうか。その代表的なケースの一つ目は、ガン細胞が自己消滅するときである。ヒトでは身体じゅうで毎日五千個に及ぶガン細胞が新たに発生していると考えられているが、免疫細胞の一つであるキラー細胞がそれらを一つ一つ見つけ出してはガン細胞の細胞膜にある死の遺伝子のスイッチを押す。その結果、ガン細胞はアポトーシスを起して自滅し、身体の中にガンの腫瘍塊が成長するのを未然に防いでいる。

死の遺伝子が作動するケースの二つ目は、これもある意味で性と死とが密接に関わる場面と言えよう。多細胞生物の有性生殖で受精卵ができるときには、後に詳述するような様々なメカニズムで遺伝子のランダムな組み換えが発生する。これにより、同一の種に属する生物であっても、一つとして形質を全く同じにする個体は出現しない。この同一種内での形質的多様性の拡大は、将来に天変地異によって生活環境の大きな変化があった場合にも、その種の中で生き延びる個体が存在する可能性を用意するものであり、種の存続にとって有利なものとなる。しかし、そのような形質の中には、自身の生存に適しないか、あるいは、その形質の蓄積が将来における種の保存にとっても、適しないものもあるだろう。こういった不利をもつ形質は、ここで述べたような遺伝子のランダム化以外にも、生殖細胞のＤＮＡが複製されてゆく過程でＤＮＡのいずれかの箇所にコピーミスによる傷ができることも関係していると考えられる。そして、このような形質をもった受精卵は、分裂増殖を開始した八細胞期の頃にアポトーシスによって自らを死滅させてしまう。すなわち、このような受精卵は発生のもっとも初期の段階で消失し、その後に個体として生長することはない。このように、アポトーシスは、有性生殖によってできた生命の源の段階で自らを自殺させるメカニズムでもある。

1・4　老化と死

DNA修復の中止

先に、ヒトのヘイフリック限界は五十〜六十回であり、約百二十年をかけて細胞はその回数の分裂をすると述べた。ただし、人体を構成する全ての細胞が、細胞分裂が停止する最終地点までたどり着くわけではない。細胞の核内にあるDNAは紫外線、宇宙線、活性酸素などにより、絶えず損傷を受ける危険にさらされている。いったんDNAが損傷を受けると、ときには個体の生存を脅かす事態を招くこともある。

たしかに、一度損傷を受けてもDNAには自らその損傷を元に戻す修復機構が何重にも備わっている。しかし、いつもその修復機構が完璧であるわけではない。修復機構の手によっても最後まで元に戻らない細胞は、ある時点で修復は中止されて、ただちにアポトーシスによって死滅する経過をとる。つまり、最後まで多大なエネルギーを使ってDNAの修復にあたるよりは、異常なDNAを内部にもつ細胞を丸ごと消失させるという、より節約的な方法に打って出るのである。このようにアポトーシスは、損傷が治らないDNAをもつ細胞自体を消滅させることによって、異常なDNAをもつ細胞が体内で増殖することを効率的な手段で防ぐ働きをしていると言える。

アポトーシスによる細胞数の減少

若い年齢の人体では、アポトーシスによって消失する細胞の数と細胞分裂によって新たに出現する細胞の数はほぼ同数であり、数の上での均衡が保たれている。しかし、年齢が重なるほど、それまでに体内の細胞のＤＮＡが紫外線、宇宙線、活性酸素にさらされてきた期間は長く、それらによる影響の蓄積も増大してゆくことになる。これによって、高齢者ではＤＮＡの修復を必要とする細胞が増えるが、それと同時に、修復ができずにアポトーシスによって死滅する細胞も増えてゆく。そして、ついには死滅する細胞の数が新生する細胞の数を凌駕し、これは身体の各部位を構成する細胞数がゆるやかに減少してゆくことを意味する。具体的には、顔面に皺ができ、筋肉は細くなり、骨密度は低下し、毛髪も抜けるか白くなる。これが、いわゆる〝老化〟である。

この老化は、全身における運動機能の低下や、外部からの物理的な負荷による骨折などの外傷の受けやすさや、そういった外傷の治りにくさをもたらす。さらには、心臓、肺、腎臓といった身体の重要臓器における機能低下をもたらし、それが直接的に、もしくは、間接的に死に至る重篤な疾患にしばしば繋がる。また、日本人の死因の三分の一を占めるガンは加齢によって細胞のＤＮＡに損傷ができ、そういった細胞が今度は逆にアポトーシスをせずに無限増殖をする細胞塊に発展したものである。したがって、ガンもことの始まりは老化が原因となっている。これらのことから、これまでに生存した人間の中で、ヘイフリック限界が示す百二十歳に近い寿命に達した人間はほんのわずかであり、大多数が遙かそれ以前に死を迎えることになる。[17]

生命活動のテンポと寿命

実際のところ、今や世界に冠たる長寿で知られる日本人の平均寿命も、明治後期では四十歳程度、昭和初期でも四十五歳程度であったとされている。もっと以前に遡った縄文時代や弥生時代は、死亡率の高い小児期を乗り越えた成人でも三十歳程度であり、室町時代までほぼ同様であったとされている。[18] このように、今よりも食料の確保が確実ではなく、天変地異に対する防御も脆弱であり、医療による疾病への関与がほとんどない状態では寿命は三十歳程度であった。つまり、人間の生物としての自然な命の持続時間は、三十年程度であると考えられるのである。

三十年という数字はいかにも短いようにも見えるが、あながち不自然な数字ではないのかもしれない。それと言うのも、地球上に生息する哺乳類の体内での生理的活動のテンポを基準とすれば、ヒトの約三十年という寿命は相応であると言えそうなのである。一般に、哺乳類における心臓の拍動、呼吸、食物の消化といった生理的活動が進むテンポは、体重の四分の一乗に比例すると言われている。[19] 心臓の拍動を例にすると、ヒトでは毎分六十回だが、体重三十グラムのハツカネズミでは毎分六百回で、体重三トンのゾウでは毎分二十回である。そして、これは奇妙な一致だか、どの哺乳類も一生のうちの拍動数は約十五億回なのである。別の言い方をすれば、哺乳類は心臓を約十五億回動かしたあとに一生を終えるのであり、その回数を打つまでの時間が早いか遅いかの違いに過ぎないのである。ちなみに、ハツカネズミもゾウもこれに符合した寿命をもち、それぞれ一・五年と八十年である。

平等な一生の時間

今、生理的活動のテンポと、生物の主観的な時間の流れの速さを一緒だと仮定してみたい。すると、個々の生物種が一生のうちに体験する時間に、それほど大きな差はないことになる。つまり、一分間に六百回の心拍動をもつハツカネズミの主観的な一分間はヒトの主観的な一分間の十倍も長いことになり、逆に、一分間に二十回の心拍動をもつゾウの主観的な一分間はヒトの主観的な一分間の三分の一ということになる。実際に、ハツカネズミは一分間の中で何度も進行方向を変えては素早く動き回り主観的な一分間は長いように見え、一方、ゾウは一分間の中でゆっくりと一つの目的の動作をするのみで主観的な一分間は短いように見える。

ヒトにおいても年齢によって心拍数は異なり、小児の心拍数は多く、三歳児では成人の二倍となる毎分百二十回である。たしかに、子供のときの一分間がいかに長かったは誰もが思いだすところであろう。この仮定が成り立つとすれば、神が生物種に与えた寿命は意外なほどに公平なのかもしれない。つまり、どの哺乳類にとっても、誕生から死までの主観的な時間の長さは一緒なのかもしれないのである。ちなみに、このような心臓の拍動を基準にヒトの寿命を計算すれば、ヒトの寿命は二十歳代後半となり、先述の縄文時代や弥生時代における平均寿命の三十歳に近い数字となる。[20]

寿命の存在と種の存続

さて、ホモ・サピエンスが出現してから約二十万年になるが、このような三十年という寿命であったからこそ、ひょっとすると、現代にわれわれが地球上に存在できているのかもしれないのである。それは、次のような理由からである。先に、ヒトの細胞のＤＮＡは加齢に伴って紫外線、宇宙線、活性酸素などによるダメージが蓄積することを述べたが、これは生殖細胞も例外ではない。したがって、生殖細胞が高齢の親からのものであるほど、受精後の個体自身の生存に不利が生じるだけではなく、種として存続することの不利が生じる確率は高くなる。これは、ＤＮＡのダメージが軽微であって、受精卵が八細胞期になってもアポトーシスで自らを消滅させないような場合である。また、たとえ一世代の個体としてはダメージが軽微であっても、それが多くの個体で代々引き継がれるようなことがあれば、やがて種としての存続に危機をもたらす形質が濃縮されてゆく可能性もある。

しかし、前述のように人類はその発生からつい最近まで寿命は約三十年という、ヘイフリック限界の百二十年からすると遥かに短い年数であった。このような人類の寿命は、高齢での生殖活動を防ぎ、ひいては、種の存続に不利な子孫が多く発生するのを防ぐという結果をもたらしていたことになる。このように、ヒトにおいて生きる長さが限定されていたことが、ホモ・サピエンスが種として現在まで継続できたことに寄与していた可能性を否定できないように思われる。そのときには、人間に一定の寿命があったことによってこそ、現在われわれがこのように地球上に存在できていることになる。[21]

死とダーウィニズム

以上、本章では多細胞生物においては、自らの死を誘導するメカニズムが、あらかじめ体内に組み込まれていることを述べた。このことは、多細胞生物の一つである人間にとって、個体の死は、一見すると科学的合理性に従った必然的なものであるようにも見える。また、本章の最終節では、われわれ人類が今日まで存続できたのも、命に限りがあったことの結果かもしれないことを述べた。これは、適者生存を謳うダーウィニズムの考え方に、まさしく「寿命」を適者の条件として組み込んだものに相当するだろう。これらのことからすれば、人間は死すべき存在かどうかを問うことは、自らの出自を忘れた愚行のようにも見えてしまう。そうだとすれば、われわれに用意されている唯一の道は、死を絶対に不可避なものとして確認し、そのことを粛々と受け止めることなのだろうか。

このように即断してしまう前に、次章において、現在まで全ての多細胞生物が共通して保持する死という特質を、われわれ人間も他の生物と同様に、種や個人のレベルで保持することが本当に必要なことなのかを検討したい。

第2章

人間だけは死を免れることができるのか

2・1　人間は生物の中で特別な存在なのか

巨大な脳がもたらした死への不安

人類の歴史を振り返ると、文明の発生よりもさらに古い時代から、人々は死について思いを巡らせてきたようであり、実際に、宗教の萌芽であると考えられる痕跡が、世界中の各地で発見されている。このときに人類が主題とした死は、とりもなおさず自分たちの家族や共同体の一員であるまさしく「人間」の死であった。たとえ、他の生物種の死を祭祀などで扱ったときも、人間の死を主題とする擬人的な意義をもつことが多かった。そして現代に至り、われわれが死について議論をするときにも、やはりさしあたっては人間の死が問題であり、他の生物種を対象とした死が語られるときは、人間の死とは異なる文脈において語られることが多い。このことは、一見すると人間の身勝手に見えるかもしれないが、あながち理由がないわけではない。それは、人間だけが自分自身の死を悩んだり、不安や恐れを抱いたりすると思われるからである。

もちろん、動物も自らの死を回避する行動を示すが、それは本能的に自身の個体を存続させようとする合目的的な行動に過ぎないように思われる。この人間だけがもつ死に対する不安や恐れは、生物進化の末に人間特有の巨大な大脳が出現したことに起因することは間違いない。他の動物の脳と人間の脳の形態を比較すると違いは瞭然であり、人間の脳だけが脳幹や辺縁系の前上方に不自然に大脳皮質が大きくかぶさるように突出しており、とりわけ前頭葉が際立って発達している。このように、他の動物と比べるとグロテスクにも見える異形の脳が、人間をして死に対する思考に向かわせたと言えるであろう。もし仮に、この巨大な脳によってホモ・サピエンスが他の生物種との生存競争に打ち勝ち、その結果、そのホモ・サピエンスの一員としてのわれわれが地上に生まれたのであるとすれば、まことに皮肉であるが、同時にその巨大な脳がわれわれに自身の死の到来を悩ませ続けているのである。

人間原理とダーウィニズム

ここで少し唐突に見えるが、「人間原理」について触れることにする。この「人間原理」とは、宇宙の状態は、その起源から現在まで全経過を通じて、人間が今に存在できているような宇宙でなければならなかったという、宇宙のあり方を人間存在から規定しようとする一つの思考スタイルである。この「人間原理」に従えば、宇宙を観察する人間が現実に存在している以上、その人間の存在を許す環境を用意するために、宇宙は数々の初期条件や物理定数をあらかじめ微調整されていたことになる。つまり、ビッグバン直後の宇宙の諸状態と、光の速さ、陽子の質量、電子の大きさといった物理学での種々の定数が、高い精度で組み合わされたといううきわめて低確率な条件が揃ったときに限り、その後の宇宙の歴史のある時点で、太陽系の地球という惑星にホモ・サピエンスという、宇宙の歴史に思いを馳せるような知的な生命体が出現しえたのである。[22]

このように「人間原理」では、人間が宇宙を観測するほどに知的な生命体であることが重要な点であるが、この「人間原理」における「宇宙」の規模を縮小して「地球」に読み換えると、われわれはすぐにある種のダーウィニズムに辿り着くだろう。このような地球バージョンの「人間原理」は、さしあたって本節での意図に沿うならば、他の動物と比較すると異形なまで終脳を肥大させて自らの死について思考を巡らせる能力をもつほどに知的となった人間という種が現存する以上、地球上における生物進化に関わる種々の条件は、そのような知的生命体の現存を用意するようなものでなければならなかったというものになるであろう。[23]

人間原理からみた地球環境の条件

ちなみに、地球バージョンでの「人間原理」は、必ず地球環境が生物やその進化の先にある人類を誕生させるような特殊なものであったことを要求する。そういった地球環境としては、生起することが低確率である多くの条件が全て揃っていることが必要であり、その代表的なものを挙げると次のようなものがある。すなわち、地球環境として①生物の体内にある水分子が液体として存在できるように、地表の絶対温度が二百七十三度から三百七十三度までの間であること②大気をつなぎ止めるのにちょうどよい重力を生み出すように、地球程度の質量をもった惑星であること③その大気の組成が、生物にとって致命的とならないように紫外線や宇宙線を減弱する性質があること④有機物質を構成する炭素原子が恒星内の核融合で作られ、かつ、その炭素原子が宇宙空間に撒き散らされるように恒星が超新星爆発を起こすまでビッグバンから百億年以上の時間が経過していること⑤自然環境の安定のために地軸の傾きが短期間で変動しないよう、潮汐力で地球のブレをなくすために月のような大きな衛星が周回していることなどである。

ここに挙げたものは、地球が生物を準備するために必要な条件の一部に過ぎず、生物進化の過程の先に人間のような知的生命体が出現するためのさらに多くの条件が存在し、その一つでも現実と違っていれば人間は作られていなかったであろう。このように、人間は多くの条件が完璧に揃った条件下でのみ存在する。それでも、「人間原理」からすれば、人間が宇宙や地球環境を観察する知的生命体として存在している以上、それらの条件が完璧に揃っていることは当然のことなのである。[24]

人間だけは格別な生物か

しかし、それにしても「人間原理」の視点からは、人間は膨大な数の条件が細部までチューニングされた、まさに綱渡り的な状況下でのみ存在することになる。だとすれば、人間の方も、進化に対して特殊性を要求するだけの自身に関わる特殊性をいくつか備えていることが期待されるかもしれない。このとき、われわれは「人間原理」の中に、生物種の中で人間だけがもつ特殊性を読み取ろうとしていることになる。果たして、人間にそのような特殊性はあるのだろうか。

本節では、今後、人間だけが他の生物種とは異なったいわば神より選ばれた特殊な生物なのかという問題を検討する目的で、生物を特徴づける代表的な要素について一つずつ確認してゆきたい。ただし、最初に断っておくこととして、特殊性の要素としてたとえば生物の進化を見渡すことができるような高い知的能力をもつことなどはあらかじめ除外しておく。なぜなら、このような知的能力の存在こそが、今回の疑問を発動させる契機の一部であり、高度な知的能力を特殊性の要素に入れることは、始めから人間の特殊性が帰結されるよう議論の開始点が条件付けられることになるからである。

多様性をもたらすDNA

さて、最初に注目したいのは、生物が世代を越えて種としての同一性を引き継ぐための仕組みについてであり、そのもっとも中心的な役割を果たすのがＤＮＡである。このＤＮＡは、四種類の塩基が一列に長く並んだ構造をしている。そして、その並びの中の一定の部位にある塩基の組み合わせが、その部位に特有のタンパク質を生成する。今述べたように塩基の種類は四つだけであるが、一定の部位にひと続きに並んだ組み合わせのあり方は無数と言ってもよく、それに応じた異なったタンパク質ができあがり、それがゆくゆくは膨大な数の生物種の形成や個々の生物個体の多様な特徴の形成に関与している。

通常、ＤＮＡは二重らせんを形成しているが、一本のＤＮＡが長いほどＤＮＡ上に並ぶ塩基の数も多い。ＤＮＡ上にある塩基の数を生物種ごとに見てゆくと、線虫では九千七百万個、ショウジョウバエでは一億八千万個、カイコでは四億三千万個、カメでは二十二億個である。ちなみにヒトでは三十二億個ほどであり[25]、生物種全体の中では多い方と言えそうである。ただし、ネコでは三十三億個とヒトをわずかに凌駕し、また、肺魚の仲間には百三十億個に達するものやミジンコのような微小甲殻類の仲間には六百七十億個に達するものも報告されている。

このように生物種の中には、人間を遙かに凌駕するＤＮＡ鎖をもつものが存在することがわかる。したがって、ＤＮＡの塩基の総数を見る限り、人間が生物種の中で格別な存在であるとは言えないようである。

ヒトの遺伝子の総数

もっとも、塩基配列の大部分は遺伝情報とは無関係な意味をなさない配列とされ、先に述べたタンパク質を生成するＤＮＡのひと続きの部分だけがいわゆる「遺伝子」に相当し、これこそがその生物の特徴を規定するものと言える。われわれの記憶に新しいところであるが、ヒトの遺伝子についいては二〇〇二年に解析が完了したことが報告され、その総数は当時三万二千個とされたが、その後もっと少ないことがわかり、近年では二万二千個ほどであるとされている。[26] さて、この遺伝子の総数を生物種ごとに見てゆくと、大腸菌では四千個、ショウジョウバエでは一万三千個、線虫では一万九千個と一般にヒトより少ない。しかし、ウニは二万三千個とヒトと同程度であり、マウスにいたっては、二万九千個と遺伝子数ではヒトを上回り、植物のイネでは三万七千個に達するとされている。このように、遺伝子数を単純に計算した限りでは、ヒトに何らかの生物種の中での特権性を付与することには無理がありそうである。[27]

ヒトの染色体数

それでは、ＤＮＡがその中に折り畳まれている染色体の数はどうであろうか。この染色体は、生物進化の過程において比較的新しい動物種や植物種では、互いに形が類似する相同体と呼ばれる二本が対をなしている。有性生殖における受精の直前には、生殖細胞は相同体のいずれか片方を引き継いだ配偶子にいったん減数分裂をする。ヒトの染色体は二十三対あるが、減数分裂のときにどちらの相同体が選ばれるかで二の二十三乗である約八百万の組合せができ、さらに、受精によってその八百万の二乗である約七十兆の組合せができる。同一の両親からでもこれほどの組み合わせが作られることから、現実の世界に全く瓜二つの人間はいないはずである。このように、染色体の数が多いほど形質の多様性に富む子孫を残すことになるが、このような形質の多様性は、ある生物種が周囲環境に適応して生息を図ろうとしたとき、その生息範囲を拡大させることに寄与するであろう。[28]

ただし、この拡大の範囲は、生物が突然変異によって別の種になり、全く異なる環境へ飛躍的に生息範囲を拡大するときのような大きなものではない。つまり、この染色体の数に由来する多様性は、ある生物種における種の同一性が脅かされることのないまま、生息できる範囲の大きさを規定するものと考えてよいだろう。ここで、現在地球上の全域に空前の個体数を誇っているある大型の生物種に注目してみよう。それはまさしく人類であり、極寒の地を除く陸上のほぼ全ての地域に生息しており、個体数は約七十五億に達する。他の大型の生物種でこの数に匹敵するものは存在せず、神は人類だけに特別な個体数を許したのだろうか。[29]それでは、ヒトの染色体数を、他の生物種における染色体数と比較してみることにする。カタツムリは十二対、ショウジョウバエは十四対、ネコは十九対、マウスは二十対であり、ヒトの二十三対より少ない。しかし、類人猿であるチンパンジーは二十四対でヒトよりも多く、他にも、ヒツジは二十七対、ウシは三十対、イヌは三十九対など、ヒトが突出して染色体数が多いわけではないことがわかる。このことから、現在のヒトという生物種の突出した個体数については、染色体の数に根拠を見出すことは、全く困難なように思われる。

人間の脳重量

それでは最後に、脳の大きさに関して、ヒトにおける特殊性の有無を検討してみたい。[30]脳は、生物の運動に関わる遠心性の神経の出発点として、また、感覚に関わる求心性の神経の終着点として全身の統御を司る器官であり、多くは生物の移動方向の先端付近に一塊となって存在する。ヒトの脳重量は千三百五十グラム程度であるが、ヒトより体重がある陸上動物と較べても、ライオンでは二百六十グラム、ウシでは四百九十グラム、ウマでは五百十グラム、ゴリラでは五百五十グラムであることから、際立ってヒトでは脳重量が重いことがわかる。ただし、陸上動物で唯一ゾウだけはヒトを上回り、アフリカゾウでは四千二百グラムに達する。また、水生哺乳類でイルカに分類されるものはヒトと同程度の脳重量をもち、水生哺乳類でクジラに分類される大きさのものは一般にヒトよりも重く、たとえばゴンドウクジラでは二千五百グラムであり、マッコウクジラでは八千グラムである。このように、脳の重量のみに注目するとヒトを上回る動物種はいくらか存在する。

一方、脳重量と体重との関係を数値化した脳化指数については、ヒトよりも高い数値をもつ動物は陸上にも水中にも存在しない。つまり、身体全体に占める脳の大きさの割合を見たときには、ヒトはもっとも脳が重い動物と言えることになる。しかし、ヒト以外の動物で脳化指数と知的能力との関係を調べると、必ずしも脳化指数が高いことが知的能力に直結しないことが知られている。[31]このことから、今のところ、脳化指数の意義を過度に評価することには慎重であるべきと言えるだろう。したがって、ヒトにおける脳の大きさが、ただちに他の生物からヒトのみを峻別するものとはならないように思われる。[32]

人間は神に選ばれた生物ではない

以上、本節では人間のみが生物種の中で特権性をもちうることを読み取ろうとし、それを裏づけるような自然科学的な特徴を人間がもちうるか否かを検討した。しかし、本節での検討の限りでは、多くの生物種の中で人間のみが何らかの無類な特徴をもちうるという見解には至らなかった。再び「人間原理」を見直すと、人間原理の真骨頂は、宇宙をその歴史も含めて見渡そうとしたとき、観察者が人間であることに由来する様々なバイアスを自覚的に除去し、より普遍的な視点からの宇宙像を得ようとすることにある。そのことからすれば、人間は観察者であること以上の、何らかの特権性をもつことまでは始めから要求されていない。したがって、本節で生物種の中で人間がもつ特権性を見つけようとしてもそれを発見できなかったとする結論は、人間原理の考え方と別段に矛盾するものではないと思われる。結局のところ、人間は死が付随する多細胞生物の中の一つの生物種に過ぎず、個体数が現在際立って多いということを除けば、何らかの例外を特筆できる格別な生物ではなさそうである。このことからすれば、他の生物にとって死が必然的であるのと同様に、人間の死も必然的なものとみなすことが合理的な思考であるように見える。

しかし、これまで人類は、自分たちの力で種の個体数を増やしてきただけではなく、個体としての生存期間である寿命も自らの手で飛躍的に伸ばしてきたという実績をもつ。このように、人類は自分たちの生命環境を自身の手で改変してきたことは間違いない。したがって、次節では人間に死が付随することを相対化させるような方法を、人類が自身の手で作り出すことができるかについて探ってゆきたい。

2・2　生物としての死を免れうる条件

原子や分子が老いることはない

本節の目的は、人間に死が付随しないことが可能かどうかを自然科学の範囲の中で検討することにある。これは、第1章において述べた人間がもつと考えられる死の必然性に対して、何らかの反論ができるか試みることでもある。一見すると、このような人間の不死に関わる議論は、自然科学的な合理性に反するように見える。なぜなら、自然界にあるあらゆる物体は、時間の経過と共にその物体に特有の「古さ」を自然に獲得するという理解をわれわれは共有しており、さしあたって人体においては〝老い〟がそれにあたるように思われるからである。

しかし、皺や白髪に代表される〝老い〟という現象は、先述のように細胞の秩序だった死としてのアポトーシスが細胞分裂による増殖を上回るという生物がもつ特殊なプロセスの結果であり、自然界の対象が文字通りに自然に老いてゆくようなことはありえない。ちなみに、身体を構成する原子や分子は、一個一個が宇宙の中で作られてから一定の歴史をもち、それら自体に新しさも古さもない。たとえば、人体の三分の二は水でできているが、水分子を構成する水素原子は百三十八億年前のビッグバンの直後に誕生している。したがって、水素原子は宇宙の年齢に近い百三十八億年の間ずっと存在し続けているが、古くなることはなく同じ状態のままで存在している。一般に、原子番号の後にある重い原子ほど誕生の時期は遅く、人間の身体を作る原子の中でもっとも出現が新しいのは甲状腺にあるヨード原子である。ヨード原子のような重い原子は、太陽以外のどこかの恒星の終末期に発生した超新星爆発によって宇宙にばら撒かれたと考えられているが、このヨード原子についても古くなることはなく同じ状態のままで存在しているはずである。

結局、宇宙を構成する物質にそれ自体としての古さ、老い、衰弱はなく、その中の一部分である人間の身体を作る物資にもそれ自体としての古さ、老い、衰弱は本来ないはずである。実際に、百歳の老人の皮膚を一枚剥ぐと、その下には皮下組織、筋肉などが、みずみずしい姿で照り輝いている。そこを巡って流れる血液にしても、小児の血液と同様に真っ赤であり、百歳の老人のそれは少しも古びていない。それもそのはず、血液の赤い色の成分である赤血球は百二十日間の寿命しかないため、それを補充するための幼若な赤血球が百歳の老人の体内でも絶えず新たに誕生しているのである。

体外と体内にある死の必然性

ここで確認するが、第1章における死の必然性はいわばヒトの体内に装着された必然性である。これに対して、ヒトの体外にも死の必然性があるとすれば、それは、ヒトが不死であることを許さない社会条件や環境を指すことになるであろう。たとえば、仮に人類がある日から突然に不死となれば、膨れ上がる人口に対して食料の供給、居住区域の確保、大気汚染の除去など乗り越えるべき難題がすぐに立ちはだかるであろう。たしかに、人類の種としての存続のために、これらの難題が個人には死への強制として働くかもしれない。ただし、これらの体外にある死の必然性については、ひょっとすると将来に人類の叡智が解決策を見出す可能性も残されていよう。たとえば、食料を遺伝子組み換えによって際限なく確保できるようにしたり、人類が存続できる移住空間を地球以外に求めたりするかもしれない。

一方、体内に装着された死の必然性は、すでに装着が完了しているだけに、それを覆すことは並大抵のことではないようにも見える。実際に、ホモ・サピエンスが出現してから二十万年の間、人類はその装着を一度も外さぬまま現在に至っている。

死を必然としない条件

しかし、以前の章で述べたように、地球上の生命における約三十八億年の歴史の中で、その半分以上を占める約二十億年の間は、生命がまだ原核生物であったことから死は絶対的なものではなかった。また、生物が原核生物から真核生物に進化しても、多細胞生物になる前の単細胞生物の段階では先述のように明確な死と呼べるようなものは出現していなかった。このことは、生物に死が付随することに対して、自然の合理性を越えた何らかの神学をわれわれが読み取る必要がないことを示しているように思われる。

たしかに、多細胞生物では種としての存続のために、これまで述べたようにいくつかの条件が、生物個体に対して死が伴うべきことを要請している。だが、このことを逆にとらえると、それらの条件が別様であったときには、生物個体に必ずしも死が随伴する必要はないことになる。たとえば、次のような例が考えられよう。以前の章に、年齢を重ねるに伴い紫外線や宇宙線などによってDNAが損傷を受けた細胞が増え、これが最後にはヒトを死に導くことを述べた。しかし、もしも損傷したDNAに対する修復能力を今よりも格段に高めるような医療技術が完成し、アポトーシスによって細胞を消滅させる必要がなくなったときには、老いや死を惹起する主な要因の一つがなくなることになる。あるいは、そもそも有害な紫外線や宇宙線などが地表に届きにくくしてヒトの暴露を減じる技術を人類が作り上げたときには、もはやヒトのDNAに損傷は生じないことになる。さらには、そういった紫外線や宇宙線の問題がない惑星に、人類が総出で引っ越すといったことも考えられるだろう。

崩れる死の必然性

実のところ、ここで重要な点は、今述べたような科学技術の進歩がすぐに現実となるかどうかではない。問題の核心は、このような科学技術の進歩を、われわれが自由に想定することができる点にある。すなわち、われわれがここまで問題の対象としてきた人間における死の必然性は、あくまで経験的な事実に関わる必然性であり、論理学的な必然性ではない。

たとえば、Aの否定のさらなる否定はAになるといった論理学的必然性は、誤謬を含まない堅固さをもつだろう。この堅固さは、もし後に述べるようなこの宇宙以外の多くの宇宙が存在したときにも、どの宇宙でも成立するような堅固さであろう。それに対し、経験的な事実に関する必然性は、あくまで現在の自然環境や人間の科学技術がたまたまそうであったというような、あくまで相対的な側面をもつ。したがって、ヒトに死をもたらす原因となる経験的な事実についても、将来人類が消し去る、もしくは、間近に消し去るという可能性が常に残されている。その限りで、現在の人間がもつとされる死の必然性には、相対性の要素がいつも付随することになる。

もちろん、このような自然界の経験的事実がもつ相対性と論理学的な必然性の違いは、本節の議論を待たずとも紛れもないことであろう。しかし、人間や生命一般の死は、元来前者であるにもかかわらず、後者がもつような必然性の相貌をわれわれに見せることが多かったように思われる。本節での議論は、そのようなわれわれの錯覚をただす一助になることを目的にしたものである。

ヘイフリック限界の不成立

ところで、このような死の必然性の不成立に関しては、生物がＤＮＡの損傷による死を免れたとしても、われわれに対して厳然とした生の臨界点を形成しているように見えるヘイフリック限界についても適用されるだろう。先述のように、ヘイフリック限界はＤＮＡの両端にあるテロメアの短縮がもたらす細胞分裂の終了である。この細胞分裂の終了は、アポトーシスで死滅する細胞の補完ができないことを意味し、最終的に多細胞生物の個体としての死を無条件にもたらすことになる。

しかし、われわれの身体の細胞にはヘイフリック限界をもたない細胞もある。その一つは、先述のように卵子や精子などの配偶子の元になる生殖細胞であり、これらの細胞ではテロメラーゼという酵素がＤＮＡ末端のテロメアに作用をし、テロメアを再び伸長させるために永久に細胞分裂を繰り返すことができる。[33,34] もう一つは、これは病的な細胞であるが、ガン細胞もテロメラーゼをもつため永久に細胞分裂を繰り返す。したがって、今もしも正常な体細胞についても、テロメラーゼを付加するといった技術が出現すれば、多細胞生物の身体を形成する細胞に関してヘイフリック限界は意味をなさないことになる。このときには、体細胞は無限に分裂増殖ができることになり、生物は永遠の生命を獲得することになるかもしれない。

少数の人間だけの不死

実のところ、多細胞生物の体細胞におけるテロメラーゼの活性を調べると、全ての体細胞にテロメラーゼが全く存在しないわけではない。[35] 現実には、体細胞にもテロメラーゼ活性の痕跡があるものの、活性が低いためにテロメアを伸長させるに至っていないのである。ひょっとすると、かつてはヘイフリック限界をもたない多細胞生物種も存在したのかもしれないが、生物の進化の過程でそのような特性をもつ種は存続できなかったのかもしれない。

このように、生命の寿命を規定する要因は常に相対的な側面をもつ。したがって、生物の外部環境や内部環境が大きく変化をすれば、死は必然的に必要なものとは言えなくなる。とくにホモ・サピエンスの場合には、自らの環境を能動的に変更しうる科学技術を手にしつつある。先にも触れたが、将来には紫外線、宇宙線、活性酸素などからDNAを保護する手段を講じることは不可能でないと思われる。このときには、後生殖期にあたる高齢の親が子を残すことはそれが属する生物種の存続に不利であるという主張も成り立たなくなるであろう。

さらに、人類全体が不死を獲得することではなく、少数の例外的な人間の不死を考えようとするときには、実現へのハードルはより低くなるであろう。なぜなら、少数の人間が永遠に生き延びても、おそらくヒトという生物種全体の存続に甚大な影響を及ぼすことはないと思われるからである。その少数の例外的な人間に、自分が該当する可能性を想定することは自由であろう。[36]

実際に、国外でわずかに試みられている人体冷凍保存は、現在の医療技術では治療が困難な疾患をもった人間を、死の直後にきわめて低い温度でいったん冷凍保存し、将来にその疾患を治療する技術が開発されたときに、解凍して蘇生を施した上で再び治療にあたろうとするものである。このようにして冷凍保存されている人体は、現在世界で三百五十体ほどあるだろうと言われているが、これは少数の例外的な人間の不死をめざす試みがすでに実現されている例であると言えよう。

生命の主役はどれか

ところで、ここで生物の死を検討するときに、二種類の死が存在することを確認したい。一つ目の死は、生物の一代限りの身体が消滅することであり、生物の個体としての死である。これは、身体の大部分を構成する体細胞の死と言えるであろう。二つ目の死は、親から子へと引き継がれる遺伝情報に関するものであり、代々続けられてきた情報伝達の停止としての死である。これは、身体の一部分をなす生殖細胞の死と言えるであろう。[37]

たしかに、われわれが死について何らかの議論をするときには、もっぱら前者の死を問題とするのが一般的であり、本書でもここまで一貫して前者の死を問題としてきたことは間違いない。しかし、生命の歴史を見渡す観点から、生命の主人公は生殖細胞が親から子へと引き渡すＤＮＡ情報であり、身体の大部分を占める体細胞は生殖細胞を維持するための副次的な存在に過ぎないという考え方もこれまでには提出されてきた。[38] そのような考え方を極端に進めたものが、ドーキンス（一九九一）による「生物個体は、DNAが自らのコピーを残すために一時的に作り上げた「乗り物」に過ぎない」という主張である。[39] このような主張においては、あくまでDNAが生命の主体であり、それが自己同一性を保持しようとし、ときには、突然変異によって一部分を改変したりしながらも、ともかく、DNAの維持や進化こそが生命の究極的な目的であるとされる。

死は種の消失か個体の消失か

たしかに、地球上に生命が誕生して三十八億年の間、綿々と生物進化が続いてきたことに力点を置く視点からは、生殖細胞によってDNA情報が親から子へ残される限り、たとえ生物個体としての親が消失しても生命はDNAとして存続するとみなされるであろう。さしあたり、このような親から子へDNA情報が伝達されてゆく過程の一つ一つを、DNAの類似性によって一束にくくれば、生物の種としての存続を意味することになろう。したがって、逆にある類似したDNAについてその伝達の道筋が一本もなくなる事態は、一つの生物種の死を意味することになろう。

しかし、生や死の意味をこのように生物種の存続に与える見方は、あくまで限られたコンテキストのもとでのみ可能であり、生物の一生がDNAの「乗り物」に還元されることは、通常はないように思われる。すなわち、とりわけ人間の死を出発点として、他の生物にも生と死の問題を敷衍しようとするときは、やはり生命にとっては個体の一世代における生と死が問題となろう。なぜなら、われわれ人間の生と死に関わる素朴な感覚にとって、生きていることとは今ある自分の体験の連続であり、一方、死ぬこととはその連続する体験が停止することであると思われるからである。そして、このような、生きていることと死ぬことの二つについては、一代限りの生物個体における脳を含めた身体の持続とそれの消滅の二つがちょうど対応しているように思われる。このような観点での死の問題については、本書の第Ⅱ部の臨床医学における死として、より詳細な議論がなされる予定である。

ホモ・サピエンスの未来

ここでいったん、人間という種であるホモ・サピエンスの今後の運命について見渡すことにしたい。とりあえず、この宇宙の過去と未来の年表はどのようなものであるか見てゆくことにする。まず過去であるが、百三十八億年前のビッグバンで宇宙は誕生し、五十億年前に太陽が誕生し、四十五億年前に地球が誕生した。その後は既述のように、三十八億年前に初めての生命である原核生物が誕生し、十八億年前に原核生物に加えて真核生物も誕生し、十億年前に真核生物が多細胞生物へと進化し、二十万年前にホモ・サピエンスが出現した。一方、予想されている宇宙の将来は次のようなものである。まず、五十億年後には太陽が膨張をし始め、地球をその中に飲む込み、いったん赤色巨星となる。その後、太陽は収縮に転じ最後にはサイズの小さい白色矮星となる。これが、百二十億年後である。もっとも、太陽の膨張に先立つ現在から十億年後には、太陽からの熱量の増加によって地球表面は高温となる。その結果、酸素や水は地球上から消失し、その過程で生物が存在することは困難になると考えられている。[40]

さらに、そもそも一つの生物種が存続していける期間はこれまでの生物進化の歴史をみると限られており、その期間は哺乳類の場合は一般に約二百万年程度とされている。これは、ホモ・サピエンスという哺乳類も例外ではないであろう。先に、ヒトという種全体の不死よりも、わずかな少数の人間の例外的な不死の方がより実現しやすいと述べた。しかし、その例外的な人間達もヒトという種に紛れ込んだ集団であるとすれば、その種が全体として滅びるときには運命を共にしなければならない。このように、宇宙の将来における年表を見渡した限りでは、ヒトは時限付きの生物種のように見える。

しかし、ここまで見渡した向こう百億年余りの間の宇宙の年表に限ると、人類の消滅は絶対的とは言えないかもしれない。それというのも、人類の科学技術のさらなる進歩により、生物種の存続期間を二百万年に制限する体外や体内の要因に対しては、地球表面の生活環境を改変したり、人間の身体の適応能力に手を加えたりして、人間という種がその後も存続できるようにするかもしれないからである。また、それからずっと後に問題となる太陽からの熱量の増加や太陽の膨張に対しても、地球環境に似た太陽系外の惑星に人類が揃って移住することで難を逃れるかもしれない。このように、人類が存続していける可能性は常にゼロとはならないのである。

しかし、時間を格段に延長したさらに遠い未来を見渡すと事情は全く異なってくる。現代の宇宙物理学が教えるところでは、宇宙の膨張はしばらくこのまま続いてゆくが、数百億年後に諸銀河の恒星は次々にブラックホールになり、十の二十三乗年後には合体したブラックホールに全銀河にあるほとんどの物質が吸収され、十の百乗年後にはそのブラックホールも蒸発する。その後の宇宙はといえば、ブラックホールに飲み込まれなかった原子も宇宙空間にわずかに存在するが、その原子もやがて分解されてしまい、最後には軽くて安定した素粒子のみになるとされている。[41] つまり、あらゆる物質の元になる原子さえもが、宇宙の終焉では存在しなくなるのである。このように遠い未来まで見渡すと、生物の体を作る材量となる物質は、宇宙の最終局面では消失していることになる。それどころか、それの遥か以前にある宇宙の膨張の過程で、宇宙は極端に冷却され、生物が生存できる場所が宇宙にはなくなる。このように、自然科学的世界観に忠実に従う限り、ホモ・サピエンスを含めた全ての生命が、この宇宙に永遠に存続し続けることはありえないことになる。

多元宇宙論での自分の死

ただし、全ての物理学者が支持するわけではないが、近年、宇宙はわれわれが住む宇宙だけが一つ存在するのではなく、複数の宇宙が同時に存在すると考える多元宇宙（マルチバース）論が提案されるようになってきた。[42,43] この多元宇宙論では、たとえ先のようにわれわれの住む宇宙が終焉を迎えたとしても、宇宙は限りなく新たに発生し続けることから、いまだ物質を含み、あるいは、いまだヒトという生物種が存在する宇宙もありえることになる。さらに、無数に存在する宇宙の中には自分と瓜二つの人間が存在する宇宙もありえることだろう。

しかし、それぞれの宇宙は独立しており、それらの間で因果関係や物質のやり取りは一切ない。したがって、たとえ自分と瓜二つの人間が、未来のどこかの宇宙には存在しえたとしても、あくまで瓜二つという類似性をもちうるだけであって自分そのものではないように思われる。これは、多元宇宙論においては、自分の同一性が宇宙を貫いて実現されることはないことを意味する。このことから、たとえ宇宙が無数に存在したとしても、自分が自分のいる宇宙の終焉を越えて存在しうることはありえないように思われる。

自然科学からの結論

以上、本章では生物学とそれを包含する自然科学における合理性の中で、生命に死が随伴しないことがありうるかについて検討を試みた。つまり、永遠の生命は可能かという問題を検討してきたのである。その結果、われわれ生物個体の生を制限する個々の要因はあくまで経験的事実であり、それらの要因は様々な可変性をもちうることを確認した。したがって、永遠の生命をいう言葉を、一定の時間の範囲での不死と解釈するならは、常に実現の可能性は残されている。そのときの一定の範囲とは、たとえば向こう数百年とか数千年とか、とにかく限定された時間を意味する。しかし、永遠という言葉が、生命が無限の時間にわたって存在しうることを要求しているとするならば、それは不可能であることを最後に確認した。つまり、現代物理学の知見に照らす限り、遠い将来の宇宙の終焉では生物が存在できる環境をなくしているのである。もはや、ここでの結論は明らかである。自然科学からの見解としては、永遠の生命は不可能である。

死の形而上学へのステップ

しかし、振り返るならば、ここまでのところわれわれは死の問題の核心にあるべきはずの、自分自身の死については検討の埒外に置いてきた。意外に見えるかもしれないが、この第I部では自分が死ぬということについては一つも論じられていない。すなわち、これまでの議論は、死の当事者ではない外部的視点からの自然科学における生命の死を、そのまま自分における死の本態と仮定しながら議論を進めてきたのである。なぜなら、この第I部では、多くの人々が信頼を置いて日々の生活を送る自然科学の規範に可能な限り沿い、それを越え出るような検討を慎重に避けてきたからである。

しかし、すでに「はじめに」の箇所で述べたように、本書の最終的な目的は、自分自身の死がいかなるものかということを問うことにある。そして、おそらく多くの人が認めるように、自分の死は自然科学が対象とする事実を越えた、それ以上の事実である。したがって、自分の死をテーマにするようなときには、自然科学が前提とする経験的世界の合理性に収まりきれない、そういった合理性自体を基礎づけている超越的世界の問題についても踏み込まなければならなくなる。その超越的世界の問題とは、個体の唯一性、存在者としての条件、時間の流れといった、哲学の領域のそれも古くから形而上学の名前で呼ばれていた問題領域に相当する。本書では、このような問題を主に第Ⅲ部において議論するが、その前に、次の第Ⅱ部において生物の中でもとくに人間の死に関与する、臨床医学の視点から、人間が生から死へ向かう過程を検討することにしたい。

コラム

細胞増殖とテロメア

1 半保存的複製

人間の体細胞は、分裂を繰り返すことによって増殖しますが、そのときに細胞がもっていた遺伝情報は全て新しい細胞に引き継がれます。生物の遺伝情報の根幹をなすDNAは、リン酸、糖、塩基からなるヌクレオチドと呼ばれる基本単位が鎖として長く繋がり、二本の鎖をねじり合わせたような二重らせん構造をしています。ヌクレオチドの構成要素のうちで、とくに遺伝情報に関係するのが塩基です。この塩基には、アデニン(A)、グアニン(G)、シトシン(C)、チミン(T)の四つの種類がありますが、この四つの塩基の並ぶ順序や長さによって膨大な種類の遺伝子情報が作られます。ここで重要なことは、二本のDNA鎖が向かい合うときの塩基の組み合わせには、決まったルールがあるということです。それは、AとTだけが、また、GとCだけが水素結合によって向かい合うという相補性のルールです。例を挙げると、片方のDNA鎖の並びが「ATCGGA」であれば、それに向かい合うDNA鎖は必ず「TAGCCT」となります［図1上段］。

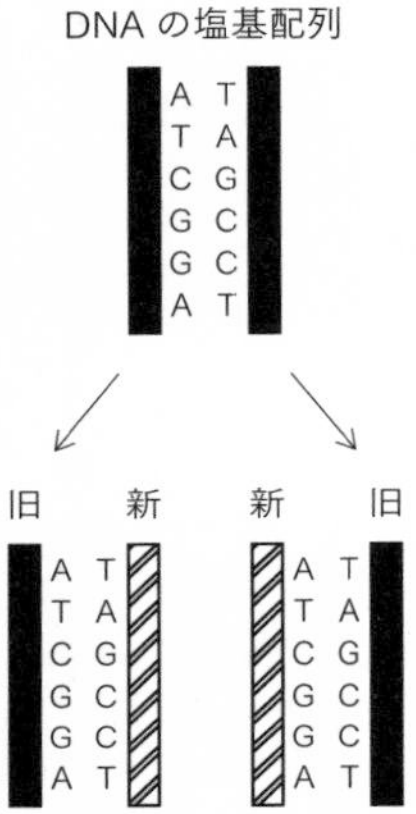

図1　半保存的複製の模式図

今、細胞分裂によって細胞が増殖するとき、細胞の染色体の中に何重にも折り畳まれて存在するDNA鎖の二重らせん構造では、複数の箇所で水素結合が引き裂かれる場所が出てきますが、やがて全域のDNA鎖が引き裂かれて一本ずつのヌクレチドの繋がりに分離します。その後、それぞれのヌクレチドの繋がりが鋳型となって相補性のルールに従い、AにはTが、TにはAが、CにはGが、GにはCが結合し、新しいヌクレチドの繋がりとしてのDNA鎖ができます。これによって、一つのDNAの二重らせん構造から、以前と全く同じ塩基配列をもつ二つのDNAの二重らせん構造ができることになります［図1下段］。このとき、新しいDNA鎖の二重らせん構造の一本は、元からあったDNA鎖であることから、このようなDNAの複製様式を半保存的複製と呼びます。この半保存的複製によって、全く同一の遺伝情報をもった細胞が増殖することになります。

2　テロメア

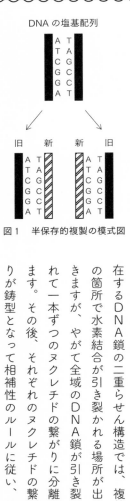

このように、一つのDNA鎖の二重らせん構造をコピー元としてDNA鎖の全体がコピーされてゆけば、細胞は永久に半保存的複製による増殖をし続けることができることになります。しかし、ヒトのような真核生物がもつ線状のDNAの末端には、一回ごとの複製でコピーがなされない部分ができてしまいます。たとえとして、次のような場面を考えてみてください。今、紙面に両端までぎっしりと文字列が印字された紙をコピー機でコピーするとします。そして、正確にコピーをするためには、紙の端を指でつまんでコピーする必要があったとします。すると、一回のコピーによって指でつまんだわずかな部分はコピーされないことになります。その後、コピーされた新たな紙を元にコピーを繰り返すと、コピーのたびにわずかずつですが指でつまんだ部分だけ紙の文字列は短くなってゆきます。これと同様なことが、線状のDNAが複製される場面で起こり、指でつまんだ部分に相当するのがテロメアと呼ばれるDNAの末端部分です。

テロメアは、六つの塩基による「TTAGGG」の配列を基礎とし、この配列が反復して繋がっています。このテロメアは、細胞内の核膜の一定の部分に結合して染色体の核内での位置を定めることにより、染色体とその中のDNA鎖が安定して存在することに寄与していると考えられています。ちなみに、実験的に培養細胞のテロメアを切除すると、染色体の末端が他の染色体の末端と結合したり、染色体の組み換えを起こしたり、さらには、染色体が分解してしまうことがあります。このことから、テロメアは一つの染色体の全体

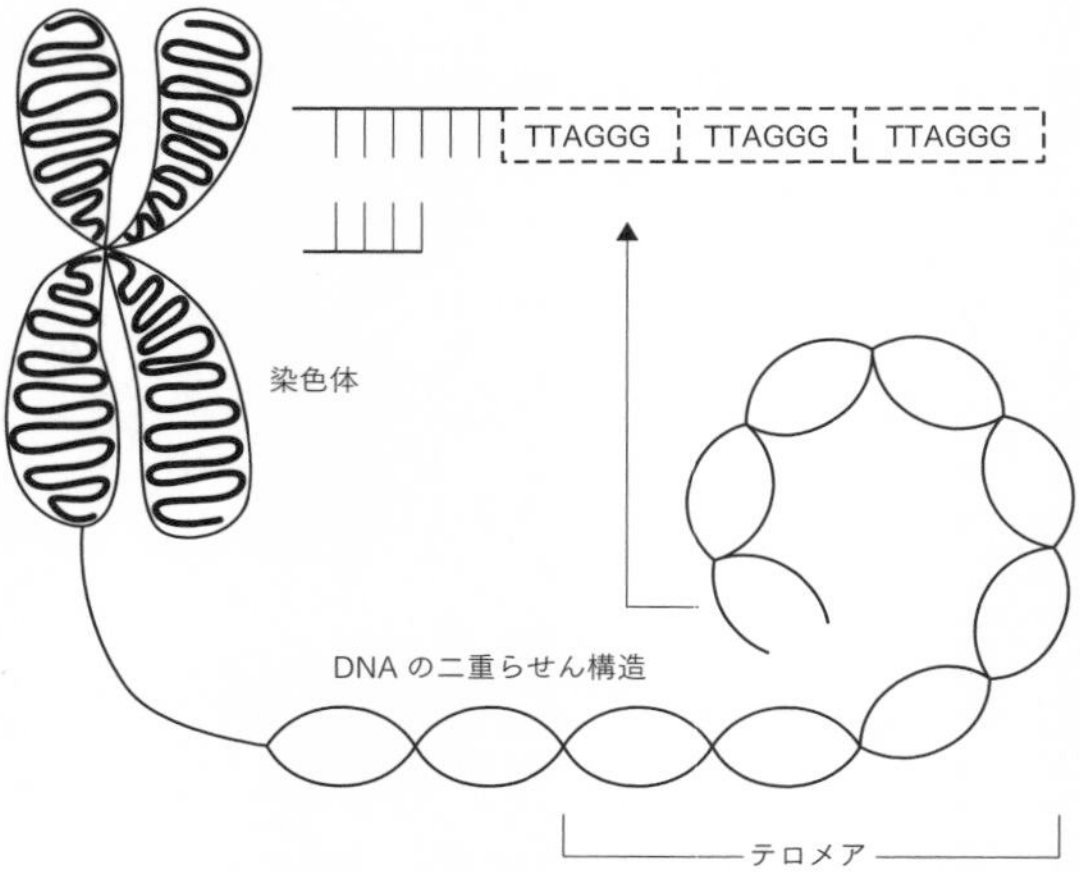

図 2　DNA 鎖末端のテロメア

の構造を守る働きをしていると考えられています。

ヒトのDNA末端部分には、テロメアが全部で二千配列にわたって繰り返し並んでいますが、一回の細胞分裂で、およそ百塩基からなる十六配列ほどのテロメアがなくなります。すると、2000÷16＝125回の分裂で全てのテロメアがなくなる計算になりますが、実際には、半分の千配列近くまでテロメアが短くなると、細胞は突然に分裂をやめてしまいます。そこまでの分裂回数は、多くても六十回ほどであり、これが本文に記したヒトにおけるヘイフリック限界

にあたります。

それでは、なぜテロメアが短くなると細胞分裂ができなくなるのでしょうか。現在もっとも有力な説としては、テロメアが短くなると［図2］に示したようなテロメアの最末端にある環状の形態が作れなくなることが挙げられています。この環状の形態があることによ

って、DNA鎖を中に納める染色体の構造や位置が安定した状態に保たれますが、この環状の形態が崩れるとその安定が維持できずに細胞は分裂できなくなると考えられています。先の紙のコピーでたとえると、コピー元の紙を指でつまもうとしても、つまむ部分があまりに短くなるとつまみようがなくなり、紙をしっかり固定できなくなります。これは、正確なコピーができなくなることを意味しますが、正確なコピーを必要とするときは、われわれはその時点でコピーを中止するでしょう。おそらく、これに類似した状況がヘイフリック限界まで分裂した細胞で起こっているものと思われます。なぜなら、細胞分裂のときのDNAの複製は、完璧に正確であることが必要であるからです。複製が正確ではない生物は、自らの身体の形態や機能を同一の状態で維持できず、生物として存続することができません。

いずれにしろ、ヒトの細胞は多くても六十回の分裂をもって分裂増殖をストップします。その後は、アポトーシスによる細胞の自死だけが一方的に進むことになり、これが全身の細胞で起こることは、そのまま生物個体としての死を意味します。ヒトでは、生誕から約百二十年後がこの時期に相当します。したがって、将来の医療技術の進歩によって人体に発生するあらゆる疾病を治せることができるようになっても、百二十歳が厳然たる人生の終末点となります。一方、大腸菌のような原核生物では、DNAが環状に繋がり末端をもたないために、線状のDNA鎖をもつ真核生物のような分裂の終結点をもちません。理論

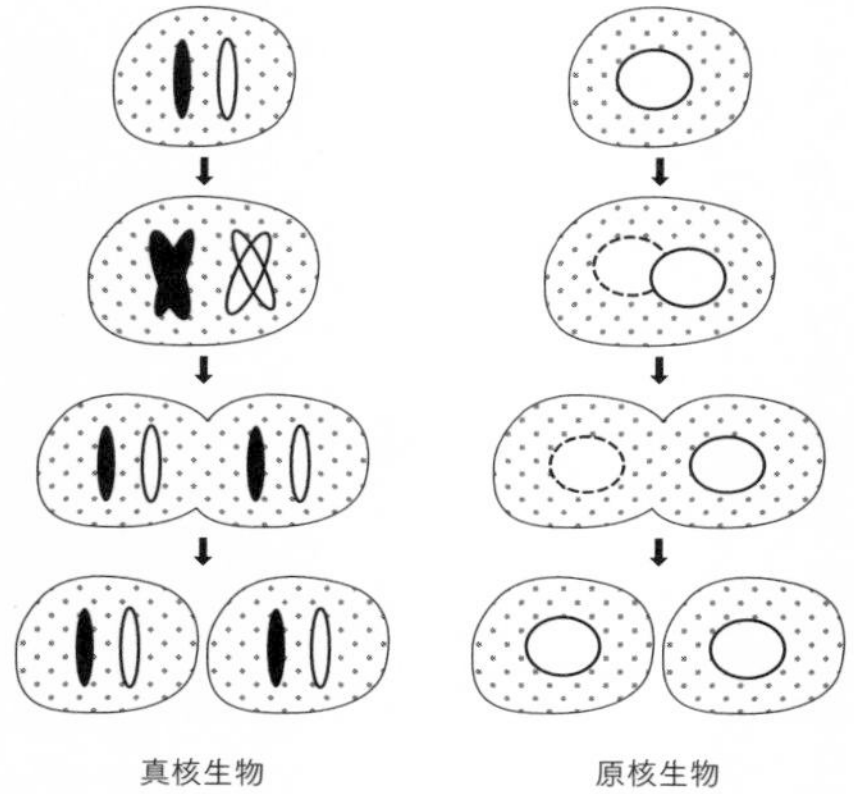

図3　細胞分裂の二様式

的には、分裂による増殖を無限に繰り返すことができます。〔図3〕の左は、ヒトのような真核生物の細胞分裂の過程を示しますが、DNA鎖は線状に並ぶために末端部にあるテロメアの短縮が発生します。一方、〔図3〕の右は原核生物の細胞分裂を示しますが、DNA鎖は輪ゴムのように丸く繋がっていることから末端が存在しません。ちょうど、輪ゴムが真ん中の層できれいに引き裂かれるように二つになります。したがって、原核生物のDNA鎖は何度複製しても短縮することがなく、複製の回数に限度がありません。このことから、地球上の生物が原核生物だけで占められていた時代には、生物にとって絶対的な死は存在しなかったのです。

3　テロメラーゼ

ところで、ここまで述べてきたヒトの細胞がもつヘイフリック限界は、身体を構成する大部分の細胞である「体細胞」に関することであり、生殖によって遺伝情報を次世代へ伝える役割をもつ「生殖細胞」では、このようなヘイフリック限界はありません。生殖細胞としては、卵子や精子が代表的ですが、これらのもとになる卵原細胞や精原細胞などの一連の細胞群がこれにあたります。また、病的細胞であるガン細胞も分裂の終止点をもたず、その無秩序な増殖が宿主に死をもたらします。

それでは、なぜこれらの細胞では線状のDNA鎖をもちながら、細胞分裂をどこまでも続けることができるのでしょうか。それは、これらの細胞ではテロメラーゼという酵素が存在し、これがテロメアを伸長させて元に戻す働きをするからです。[図4]に示したようにテロメラーゼのRNA成分には「AAUCCC」という六つの塩基からなる配列があります。RNAの場合には、ウラシル(U)という塩基がDNAのアデニン(A)と向き合う決まりになっています。したがって、テロメラーゼのRNAを鋳型としてDNAに逆転写したときには、「AAUCCC」と相補的な関係にある「TTAGGG」という配列がDNA鎖の末端にできます。この「TTAGGG」配列こそが、先述のようにテロメアであり、逆転写が繰り返されることによってテロメアが伸長してゆきます。このようなテロメアの伸長によって、生殖細胞やガン細胞ではテ

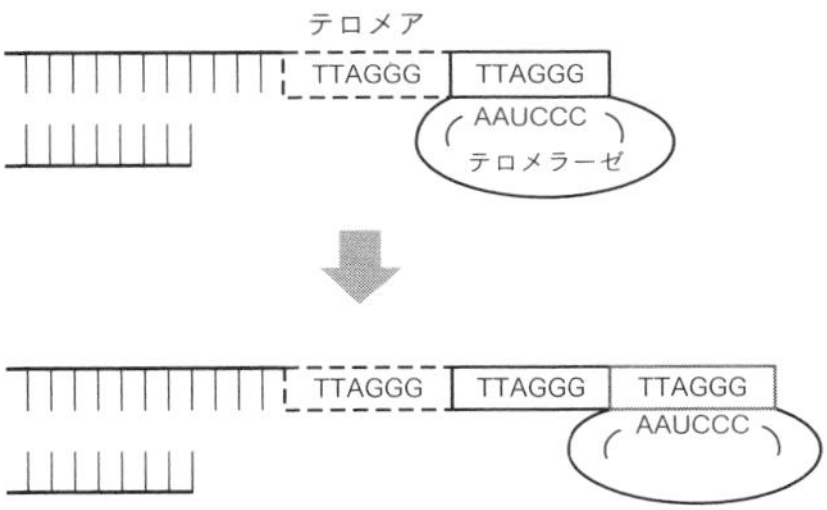

図4　テロメラーゼによるテロメアの伸長

ロメアの短縮を防ぐことができ、その結果、細胞分裂は終了することなく続いてゆきます。

　このように、テロメラーゼが存在すればテロメアの短縮を防ぐことができることから、ヒトの体細胞にもテロメラーゼを付加することができれば、細胞分裂の終了がなくて済むように思われます。しかし、現在の技術では体細胞にテロメラーゼを付加して、適切に細胞分裂を継続させることができません。無理に体細胞にテロメラーゼを付加しようとすると、その細胞はすぐにガン化してしまうのです。したがって、現時点ではやはりヒトの寿命は、最大限に長くても百二十歳あたりのようなのです。

　実際、この三十年ほどの間、いわゆる先進国では百歳を超えて齢を重ねる高齢者が飛躍的に増加しており、本邦でも二〇二〇年には百歳以上の高齢者は八万人を超えていますが、その一方で、世界の最長寿者は、三十年の間いずれの国においても百十五歳から百二十二歳までとほぼ頭打ちの状況です。しかし、本文でも述べたように人類の科学技術は、しばしば予想を超える進歩を遂げることがあります。このことから、百二十年の寿命は決して神から与えられたものではなく、人類は自らの手で寿命の限界点を変更する日がやってくるかもしれません。

第II部

死の瞬間とは

臨床医学とクオリア

Prologue

プロローグ

先の第I部では、自然科学のとくに生物学的な知見に沿いつつ、生物の死が不可避か否かを検討した。そこで見出したものは、多細胞生物にとっては死があったからこそ、一定の生物種が代々子孫を残して存続できるということであった。これについては、人間という種も例外でなく、人間に寿命があったからこそ人間という種が存続し、その種の一例としての自分が現在ここに生を受けているのである。だとすれば、やがて訪れる自分の死を恐れたり、自分の不死を願ったり、死の詳細を知ろうとすることは、自らの出自を忘れた愚かなことなのであろうか。

そうではないであろう。とりわけこの自分には、自然の摂理とは水準を異にする、将来に到来する自身の死に特有な意味があるはずである。この第II部では、臨床医学の視点から死の過程を見てゆくことから始める。臨床医学は、もちろん人間の身体に発生した疾患の治療にあたるのが主要な仕事であるが、疾患が最後まで治らずに患者が生を終えるとき、それを看取ることも仕事の一つである。死はともすれば、われわれにとって観念的な思考の対象にされがちであるが、死が訪れるときに具体的に何が起きているのかについて、その一つの側面を臨床医学は示してくれるものと思われる。また、臨床医学の土台となる基礎医学にも少し射程を広げると、たとえばわれわれの精神の座とされている脳において臨死期に何が起きているかについても探ることができよう。

もっとも、自然科学の一つの応用分野である臨床医学の検討を進めてゆくと、いずれ自然科学の中に収まりきらない問題と顔を合わすことになる。たとえば、人間が死を迎える時にいつの時点で命を失ったことになるかを議論しようとすれば、失う当事者としての「個体」の概念をどのようにとらえるべきか、あるいは、それまでの生を繋げてきた人間の「同一性」とは何か、さらには、死ぬときには自分の主観的な体験としての「クオリア」はどうなるのかといったように、たちまち従来から哲学の主題とされてきたテーマに隣接していることにわれわれは気付くことになる。このような哲学の主題に関わる議論は、本書の第Ⅲ部で主に行われる予定であるが、とくに「クオリア」と「人の同一性」の問題については、この第Ⅱ部の後半部分で本書としての一定の見解を示しておきたい。

第3章

人間はいつ死ぬのか

生と死の境界はあるのか

3・1　臨床医学における死の判定

二つ存在する死の判定基準

意外かもしれないが、医学のなかには元来「死の定義」というものは存在しておらず、「死の判定基準」だけが存在する。つまり、人間の臨終のときに人間の身体にどのような変化が起こるかという知識の集積があるだけで、生の終末点が何を意味するのかといった問いへの答えは用意されていない。よって、そのような問いに答える代わりに、医師の務めの一つである死を判定する仕事に関して、それを精緻に行うための技術を医学はこれまで養ってきたのである。

これまで本邦の多くの人々にとって、死に関わる判定基準としては、「脳死」の判定基準を耳にする機会が多かったかもしれない。これは、肝臓や肺などの臓器移植を実施するために、臓器のドナー（提供者）については脳死を人間の死ととらえる必要が生じたからである。本邦の脳死判定は、深い昏睡、呼吸停止、瞳孔の散大、脳幹反射の消失、脳波が平坦であることからなる五つの条件が、六時間続けて存在するときに脳死と判定される。[1]

しかし、このような臓器移植を目的とした特殊な状況を除けば、大多数の日本人に関する死の判定は、心停止、呼吸停止、瞳孔散大（対光反射の消失）からなる「三徴候」によってなされる。ちなみに、この三徴候のうちの瞳孔散大は、脳幹もしくは脳全体の機能停止の指標である。先述の脳死判定の条件よりも項目数は減っているが、新たに心停止が加わっていることがわかるであろう。つまり、この三徴候は「心臓死」とも呼ばれ、それは、これまでの長い間本邦を含む多くの国々において心臓の停止こそが人間の死においてもっとも中心的な要件であると考えられてきたことに由来する。

このような一般の三徴候による判定基準とは異なる「脳死」というもう一つの判定基準が存在するのは、次のような事情による。すなわち、後述するように死が進行する過程では臓器によって組織が不可逆的な変化をきたすまでの時間が異なり、たとえば肝臓や肺などのように、心臓が拍動を停止して全身の血液循環がなくなるとすぐにも組織の崩壊が始まる臓器もある。よって、そのような臓器の移植のためには、心拍動がまだ存在している脳死の段階でドナーからの臓器摘出が必要である。このために、近年臓器移植が積極的に実施されるようになったことに平行して、三徴候とは異なる新たな死の判定基準を設ける必要が生じたのである。

死の「三徴候」の相互性

さて、われわれ医師が、特別に臓器提供のドナーとなる患者ではない、一般の臨死期にある患者を看取るような場面では、先述のように三徴候が全て揃うことが死の判定の条件となる。ただし、この三徴候は、それぞれが独立して相当な時間をあけて出現するわけではない。大多数の患者では、いくらかの時間的差異はあるものの、三徴候はほぼ同時に進行してゆく。それというのも、三徴候に関わる生理的機能のどれもが、自身の機能の維持を他の二つの機能に依存する関係になっているからである。たとえば、心臓の機能が低下すると、全身の臓器を循環する酸素を運ぶ血流の量が減少するが、脳は全身の臓器の中でもっとも低酸素に脆弱である。ちなみに、心停止後いったん蘇生したとしても、蘇生開始までに三分経過すると五十パーセントが、五分経過すると七十パーセントが死の転機をとるとされている。これは、心停止による動脈血からの酸素供給が途絶えると、脳内の神経細胞が即座に不可逆的な変性を起すことに起因している。脳全体の中でもとくに脳幹部の低酸素による障害は、脳幹内にある呼吸中枢の障害をもたらし、ただちに呼吸運動の低下を出現させる。一方、呼吸機能が低下すると、血液の酸素飽和度が低下してこのときにも脳に低酸素状態が発生し、さらに、脳幹内の循環中枢も障害されるために心臓の収縮活動の低下がもたらされる。このように、臨死期においては三徴候に関わる部位の機能低下が負の連鎖をしてゆき、ついには三徴候が出揃うことになる。

植物状態と脳死

ところで、低酸素状態に対する脳の脆弱性は脳の部位によって異なり、大脳皮質が脳幹部よりも脆弱であり、脳幹部では呼吸中枢が循環中枢よりも脆弱である。このため、脳の中で低酸素にもっとも脆弱な大脳皮質だけが障害を受け、これによって意識障害が生じているものの、脳幹部の呼吸中枢と循環中枢の機能はまだ残存しており、そのために自発的な呼吸と心拍動が長時間維持されている状態が発生しうることがある。これがいわゆる「植物状態」に相当する。また、まれではあるが、もしも脳幹部のうちでも大脳に近い上位にある中脳と橋のみに障害が及び、下位にある延髄にはいつまでも障害が及ばないときには、三徴候が乖離した状態が長期にわたって続きうることになる。なぜなら、中脳と橋には瞳孔の大きさを調節する中枢があり、一方、延髄には呼吸中枢と循環中枢があることから、このときには三徴候のうちの瞳孔散大のみが出現するからである。

さらに、心拍動については、仮に延髄にある呼吸中枢と循環中枢の機能の二つが完全に消失した状態でも、もし血液から十分な心臓への酸素供給があれば、心臓の筋肉は自律的な収縮能力があるためにその後も心臓は動き続けることになる。このような、脳全体の完全な機能消失と自発的な呼吸活動の停止があるにもかかわらず心臓だけが拍動している状態である「脳死」[2]は、人工呼吸器（レスピレーター）の装着によって血液に酸素を強制的に送ることで始めて可能となる。つまり、この脳死にあたる状態は、一九七〇年代に普及しはじめた人工呼吸器による人工的な産物である。逆に言えば、人工呼吸器が登場する以前は、人類に脳死にあたる状態は存在しなかったのである。

有機的統一の瓦解としての死

先述にように、本邦では臓器移植を目的とする場合に限って脳死を人間の死と認めるようになったが、[3] 一方で、目的のいかんによらず脳死を人間の死とする考え方もある。つまり、人は有機的統一体であり、脳はその統一を司る器官であるが、その脳の死は有機的統一の喪失にあたることから人間の死にあたるという考え方である。実際に、脳には、呼吸や循環だけでなく消化、排泄、ホルモン分泌といった、全身の器官の働きを統御する中枢が存在している。

　このような考え方には、脳死という状態になれば、すぐにではなくとも早晩死に至るという経験的事実も関与している。現実に、人工呼吸器を装着しつつ脳死の状態になった患者においても、半数は数日以内に、大多数は一週間以内に心臓の拍動は停止して死へと至る。ただし、早晩という将来の予後によって死とする考え方は、死を現在から未来に向かって進む時間の流れの一環としてとらえており、死は静止した時間の一点でも死たる存在としてとらえることができるという、われわれの素朴な理解に背くことになるかもしれない。

ちなみに、近年では投与薬剤の工夫などによって、脳死の状態でも半永久的に心臓の拍動が維持される患者も出現しており、脳死をもって死とすることの根拠としていたわれわれに与えられた経験的な事実の方が、今度はむしろ脳死が有機的統一の瓦解をもたらすという考え方の反証になることも起きつつある。

「心」のありかとしての脳

もっとも、われわれが脳死こそが人間の死であるととらえるときには、脳が身体の有機的統一の中枢であるとする根拠とは別の根拠を素朴に共有しているのではないかと思われる。すなわち、われわれには、脳という器官は、人間が思考をしたり、感情をもったり、意志をもったりする、いわば「心」がその中に入っている特別な器官であるという、脳に対するほぼ共通した理解があると思われる。ところで、われわれによって「心」という言葉がもち出されるときには、「心」は少なくとも次の二つの意味を含んでいると思われる。一つ目の意味は、「心」は、思考、感情、意志といった様々な〝精神活動の能力〟にあたるというものである。二つ目の意味は、「心」は、喜んだり、驚いたり、悲しんだりといった、生きているときの様々な〝体験の主体〟であるというものである。だとすれば、この両方を司る脳における部位は、脳全体の中でも大脳皮質であり、中脳、橋、延髄からなる脳幹は、生命機能を維持する重要な部位であるにもかかわらず、おそらく「心」というものに直接的には関与していないと考えられる。

このような考えに従えば、脳幹の機能が保持されているために自発的な呼吸と心拍動が残存するものの、大脳皮質はすでに不可逆的な神経細胞の変性を全般的に蒙っているような完全な植物状態の場合には、今後において「心」を再び取り戻すことはない。よって、その点ではそのような植物状態と脳死との間に差異はないことになる。もっとも、臨床現場で植物状態にあるとみなされる患者の中には、全ての大脳皮質の細胞が死滅していなくても遷延性意識障害が長期にわたって続くような患者も含まれ、そのような患者では将来に意識が回復する可能性が残されている。また、大脳皮質の機能が不可逆的に停止した患者であったとしても、近親者の心情としては自発的に呼吸をしている人間とそうではない人間とを同列にみなすことができないと思われ、そのような心情を重視するべきという意見があるのも事実である。しかし、本書の基本課題はあくまで自分にとっての死という一人称的な死を問うことであり、近親者にとっての死という二人称や三人称の死は別の水準での問題となる。一人称としての「心」と脳との関係については、後に再び主題として取り上げる予定である。

3・2 「死の瞬間」というものはあるのか

死の時点をどこに定めるか

先の節の最後で、植物状態の不可逆性について触れたが、このような不可逆性は植物状態だけでなく、臓器移植を目的とした脳死についても、死の判定に関わる重大な要点となる。脳死判定における先述の五つの項目が六時間継続するという条件は、この不可逆性の確認を意味する。ちなみに、脳死の時点をいつにするかという問題について、本邦では「最初の五項目の出現から六時間経過した後の再確認にあたって、なおも五項目が存在することを確認した時点」にすると定めている。つまり、その五項目が六時間持続したのであれば、不可逆性は疑いのないものであろうとされたのである。

ただし、死に逝く人の一人称的な視点から死をとらえようとしたときには、最初に五条件が出現した時点に遡ってそれが死の時点となろう。実際に、本邦で脳死の判定基準を作製する段階では五条件が最初に出現した時点を死亡時刻にするべきという意見も提出された[4]。しかし、六時間後の再確認の時点を死亡の時点とした方が、臓器移植のための現実的な運用によく適合していることから、現在のように脳死時刻が定められた。別言すれば、脳死としての死亡時刻については、便宜上定められた取り決めが存在するに過ぎない。

「死亡時刻」とは何か

それでは、移植と関係しない多くの人々にとって、死の判定が下される時点である死亡時刻はどのように定められているのだろうか。死の判定は、前述のように三兆候を指標とすることによって行われるが、少なくとも脳死判定のときのように一定の時間をおいて再評価するようなことはしない。われわれ医師は、三徴候が揃い、かつ、これら三徴候が概ね不可逆的であると判断したときに、ご家族に「何時何分、ご臨終です」と告げ、死亡診断書にもその時刻を記し、その後はこれが公的な死亡時刻として一人歩きすることになる。しかし、今しがた述べたように不可逆性の判断はあくまで「概ね」であり、ときに臨死期にある人間の身体が公的な死亡時刻と合致しない反応を示すことがある。つまり、ご家族に臨終を告げた直後にモニターの心電図が再び心拍動を示す波形を打ち出したり、突然に呼吸様の胸部の動きが出現したりすることがある。このようなとき、医師の側はこれら身体の反応が生命を維持するに足る活動ではないことを理解しているが、見守る家族にとっては「まだ死んでいない」もしくは「生き返った」という感覚をもつに十分な身体の反応であろう。[5] このようなとき、医師と家族ではどちらかが誤った判断をしていることになるのだろうか。

生と死の境界の曖昧さ

おそらく、医師と家族のどちらも誤りは犯していない。実のところ、人間の死はゆっくりとしたプロセスをとり、したがって、生と死の狭間は常に曖昧なのである。つまり、われわれ人間の生から死への移行の部分には、三徴候について行きつ戻りつの時期が少なからず存在する。さらに、三徴候に限らず全身の臓器に目を移せば、事態は一層に複雑となる。なぜなら、個々の臓器によって組織や細胞が崩壊するまでの時間が全く異なる。たとえば、肺や肝臓では心臓の停止後ただちに崩壊が開始するが、腎臓では一時間後、角膜では十時間後まで崩壊は始まらない。先にも触れたが、臓器移植の実施において、肺や肝臓の移植の場合にはドナーがまだ血液循環が保たれている脳死の段階であることが必要であるのに対し、腎臓や角膜の移植では心停止後のドナーからのものでかまわないのは、このような心停止後の各臓器において組織や細胞の崩壊までの時間に差異があることに由来する。したがって、臓器移植法によって脳死が人間の死とされるよりも遥かに以前から、腎臓や角膜の移植についてはすでに行われていた。よくわれわれが耳にする、死体で顎の髭が伸びたという逸話は、その半分の原因は毛根細胞が死後も数日間生存していることによる。

このように、身体を構成する個々の臓器に目を移すと、医師による死亡判定時刻の後も、いくつかの臓器は組織の特性に応じてそれ自体としては生きていることになる。したがって、いくつかの臓器に死が訪れている途中のある段階において、医師による死亡判定が三徴候によってなされるという言い方がもっとも正確であろう。

また、医師による死亡判定にしても次のようなことが起こりうるかもしれない。たとえば、死の三徴候がいったん確認されたとしても、生前に一目会いたいと以前から表明していた家族が病院の入り口まで来たことがわかったとき、主治医は蘇生としての心マッサージと肺への空気の送り込みを続け、その人物が対面を果たした後に蘇生を終了して死を告げるかもしれない。あるいは、病態の急変により突如三徴候が確認され、一方、家族が死を受け入れる準備が全くできていないようなとき、次のようなことが起こりうるかもしれない。主治医は蘇生を続けながら、死を受け入れる心の準備を徐々に作ってもらうために、最初に病状が深刻なことを家族に告げ、少し時間がたった時に危篤であることを告げ、さらに時間が経ってから最後に亡くなったことを告げるかもしれない。これらのときの死亡時刻は、死に逝く当人ではない、周囲の人々がもつ事情によって決められることになる。

ゆっくりとした死のプロセス

これまで述べてきたように、臨死の場面での身体の各臓器における死は、長さは一様でないがゆっくりとした経過をたどる。このことは、全身にある細胞の個々の死滅を意味する「分子死(molecular death)」が、緩徐な経過をとることに起因する。一方、一個の身体としての有機的な統御機能の停止を意味する「身体個体死(somatic death)」についても、ある程度の時間幅をもって進行する。これは、ある臓器の分子死の進行が身体個体死の進行を促し、一方、身体個体死の進行はそれまで障害が及んでいなかった臓器の分子死の進行を促すことによる。すなわち、分子死と身体個体死は互いに助長しあい、最後には多臓器不全を経由して、さらにその先にある、分子死と身体個体死のより完全な成立を導くことになる。

ところで、小説や映画で描かれる臨終の場面は、最期の言葉を残して忽然と果てるという点で意外に画一的である。たとえば、まだ果たせぬ目的を周囲の人々に託し、あるいは、恨みを残す人物への復讐を依頼し、あるいは、これまでの感謝を綴る言葉を見守る人々に残し、その直後に突然がくりと首を垂れて果てるという死の描写が選ばれることが多い。しかし、筆者は四十年ほどの医師の経歴をもち、多くの患者の臨終に立ち会ってきたが、このような光景をついに目にしたことがなかった。

そもそも、臨死期にある人間はすでに多臓器不全の最終段階にある。一方、意識水準を維持する器官である大脳はもっとも身体の異変に敏感であり、多臓器不全の始まりの頃から機能不全に陥っている。したがって、死が迫るだいぶ以前の時期から、すでに意識水準の低下のために健康時のような思考や会話をする能力は失われている。それが、死亡時刻とされる時点の数週間前からのこともあれば、数時間前からのこともある。したがって、小説や映画のような光景は起こりようがないのである。[6]

「死の瞬間」という伝説

このように、たくさんの医療機器が発達した現代にあっても、死の時点をまがりなりにも定めることにはしばしば困難がつきまとう。まして、医療機器が全くなかった時代には、呼吸が完全に停止した後も本当に死亡したかどうか周囲が確信をもつことができず、おそらく早期死体現象である死斑、死後硬直、死後冷却などが出現して初めて完全に死亡したことを確信したものと思われる。ちなみに、本邦の古代では身分の高い人物が死亡したときには、殯《もがり》と呼ばれる死者儀礼が行われ、本葬までの長い期間にわたって遺体を殯宮《もがりのみや》という建物に仮安置した。[7]その目的としては、死者の復活を願ったり、死者との別れを惜しんだりすることがあったが、それ以外に、本当に死亡したとする絶対的な確証を求めることがあったとされている。そのときには、晩期死体現象である自家融解、腐敗、白骨化などを目にすることで、ようやくその高貴な人物が死亡したと確信するに至ったものと思われる。

このように死はゆっくりとした、かつ、曖昧さをもつプロセスであるにもかかわらず、われわれはいつの日からか、死の瞬間という時間的な一点があると信じるように仕向けられてきた。言い方を変えると、われわれは生と死の中間段階を厳しく禁じられてきたのである。これには、いくつかの理由があるであろう。一つ目の理由として、法的人格には生と死の中間がありえないことが挙げられるだろう。つまり、法的に人間は権利義務の主体であり、基本的人権も保障されているが、それらは生誕の瞬間に出現し、死の瞬間に消失することが求められている。二つ目の理由として、多くの共同体で生と死が不明確な状態を忌み嫌うことを、文化人類学の知見は指摘している。すなわち、そのような状態は不浄や穢れに満ちており、ときには災いを呼ぶものとされてきた。[8]三つ目の理由として、宗教的教義の存在が挙げられよう。すなわち、多くの宗教の教義において、臨死にある人間はある時点をもって「この世」の存在ではなく、「あの世」に向かって旅立つ存在に化すことになる。

かつては、ほとんどの人々が自宅で死を迎えていたが、現在ではそのような人々はむしろ少なく、多くは病院か入所中の高齢者施設で最期を迎える。そのために、家族が死に逝く人の臨終の前後に長い時間付き添うことがなく、危篤や死亡の連絡を受けてから病院や施設に至急駆けつけるというような場合も少なくない。したがって、臨死期にあたって人間がゆっくりと死に至る過程を、かつてよりも実体験することが減ってきたように思われる。このことも、映画やテレビなどが演出する忽然とした死の様子が、現実の死であるように思い込むようになった原因の一つかもしれない。

死の「不可逆性」とは何か

ここまで述べてきたような死のゆっくりとしたプロセスは、確実に死亡したかどうかを確認することの難しさにつながる。そのことは現代においても、災害時などに死体と思われる人体が発見されたとき、いったんは「心肺停止状態」で病院に搬送されたとする報道がそれをよく現していると思われる。現場に急行した救急隊は、明らかな死亡が確認されない限り、医師のもとに搬送することが基本とされているのである。明らかな死亡とは、対象となる身体において断頭、躯幹の離断、腐敗、ミイラ化などが認められたときである。そのような状態でないときには、搬送先で医師が最終的な死亡の確認をすることになる。一見すると最初に心肺停止状態が確認された時点で死亡は確実に見えるが、やはり医師による三徴候の「不可逆性」の確認が必要なのである。

このように不可逆性を死の指標とすることは、先にも述べたが死を時間の一点における存在としてみなさずに、死を時間の流れの中にある事象とみなす行為である。そして、さしあたり死を確定する作業を医師が進めるときには、先述のように人間の臓器は個々に死滅する時間を異にすることから、身体の有機的な全体性を想定し、そこに不可逆性という物差しをあてることになる。

この不可逆性という物差しは、たとえば次のような場合にも威力を発揮する。それは、心臓の手術などで人工心肺を使用するときには、自発的な呼吸と心拍動を人為的にいったん停止させ、体外を循環させた血液に酸素を供給することになる。この間、患者は呼吸と心拍動が停止しているので死亡しているかと問われると、おそらく誰もがそれを否定するであろう。われわれは、患者において手術が終われば自発的な呼吸と心拍動が再開することを知っており、このときは、生死の判定のために不可逆性という物差しを取り出しているのである。

しかし、この物差しも万能ではない。それは、二〇二二年の現在において回復可能性がゼロな状態でも、今後の医療技術の進歩によって二〇三二年には回復可能性がゼロでないということは起こりうるからである。すなわち、一見すると絶対性をもつようにみなされる死の場合であっても、医療技術の進歩といった偶然的な要因によって、不可逆性の有無はいくらでも変わりうるのである。また、ときに〝人間は常に死に向かう存在である〟という言説を耳にすることがある。

このことからすれば、不可逆性という物差しに過度に拘泥すると、本来臨死期の短い区間にあったはずの生と死の分水嶺を、われわれはどこまでも時間を逆行させて若い時代や子供時代まで押し戻したり、ついには、生誕の時点にまで押し戻したりすることになりかねない。

第4章

死によって失われるものは何か

死体から抜け出す「心」

前章では死を何らかの機能の喪失ととらえる限り、死はゆっくりとしたプロセスであり、そこに生と死を分ける臨界点をすぐには探し出せないことを述べた。にもかかわらず、現実には医師がさしあたっての死亡時刻を決定し、本邦ではその時刻から二十四時間以上が経過してから、たいていは早期と晩期の死体現象が進行する中間の頃に火葬がなされることになる。このとき、火葬される死者は業火の苦しみを体験するのだろうか。実際には、血液循環が止まれば低酸素状態に鋭敏な神経細胞はすぐに変性をきたし、これは末梢神経の知覚伝導路も中枢神経の感覚野も例外ではない。したがって、当然なことではあるが、火葬時に死者が熱さや痛みを感じることはありえない。しかし、こういった理由でわれわれは死者の身体を燃やすことに、何の抵抗感ももたないのであろうか。そうではないであろう。それには、人々が共有するもっと重要な理由があるであろう。それは、死者が火葬される時点で、すでに人間にとってもっとも核心的なものが死体には付帯していないと、われわれは感じているのに違いないのである。その核心的なものこそが、「心」に相当すると思われる。

「心」の二つの意味

前にも触れたが、「心」という言葉で意味されるものは、一つは思考、感情、意志などの精神活動に関わる能力であり、もう一つは死者が生きている間に受け取り続けてきた生《なま》の体験であろう。ただし、前者の精神活動に関わる能力については、常に人間の生死と符合するわけではない。なぜなら、脳の広範な部位に出血、梗塞、腫瘍などをもつ患者や、重篤な認知症をきたす疾患をもつ患者の中には、精神活動に関わる能力のいくつかは、すでに種々の程度に、発病時から死とは無関係に失われている場合があるからである。また、脳の器質的な疾患以外のときでも、大脳皮質の正常な活動は心肺による酸素供給や肝臓と腎臓による血中の毒素除去など様々な要因によって維持されているため、重篤な疾患を蒙ればこういった身体臓器の不具合による意識水準の低下によって、死期より遙か以前に精神活動に関わる諸能力のいくつかが消失している場合が少なくない。しかし、このような場合にも、われわれは、当人にもはや「心」が備わっていないと考えることはないであろう。つまり、当人をこれから火葬されようとする死者の身体と同じであるとすることはないであろう。

つまるところ、われわれが死亡時刻とされる付近で死者から奪われるであろうと考えているものの核心は、何らかの精神活動を行なう能力よりも、これまでもっていた主観的な体験そのものの方なのである。このような主観的な体験は、英語圏の現代哲学における「心の哲学」の中で「クオリア（感覚質）」の名で呼ばれるものに相当し、心的な生活のうちで内観によって知られうる、現象的側面としての個々の感覚である。[9] このクオリアについては、誰もが自分に備わっていると感じており、さらに、よほどの独我論者でもない限りは、他人にも自分と同じく備わっていると信じているものである。言い方を変えるならば、いかに高度な人口頭脳を携えたロボットが将来作られようとも、そのロボットが最後までもちえないとされるものがこのクオリアである。そして、ある一人の人間が受け取るクオリアは、その人間が生存する限り、生涯その人間に帰属し続けることになる。前述の死者の火葬について言えば、われわれは荼毘に付される死体には、このクオリアがもはや付帯していないと考えているのである。

クオリア　体験そのもの

もっとも、人類の歴史を振り返ると、死と共に死体から失われると考えられてきたものとしては、クオリアよりも人間の精神に関わる事柄のほとんどを受けもつ「魂」と呼ばれるものが長く、その座を占めていたものと思われる。それは、アニミズム的な原始宗教からいくつかの世界宗教に至るほとんど全ての宗教を通じて、あるいは、宗教から少し距離を置いたわれわれの日常的な心性にあっても、死において身体から「魂」とされる何らかの存在が離れることが死の本質的な事態とされていたものと考えられる。もちろん、現代においても死をこのようにとらえる人々が大勢いることは間違いない。そのような人々は、死者は、生前の記憶と性格特性をそのまま魂として保持したまま、来世へと渡河すると考えているものと思われる。

しかし、二十世紀後半からの医療技術の急速な進歩によって、人間の脳における形態や機能に関わる情報を、ＣＴやＭＲＩといった医療機器によって生前に細部まで知ることが可能となった。その結果、たとえば認知症の高齢者において、脳の形態的な変化や機能的な変化に伴って、それまでの人生における記憶やそれまでその人の特徴を形成していた性格特性を失うことがあることを、現代人はすぐ身近にいる人物で経験する機会が飛躍的に増えた。その結果、魂が受けもっていた精神に関わる多くの領域が脳という物質的な存在にバトンが渡され、完全に渡しきれずに最後まで残ったものがクオリアであると言うことができるかもしれない。そして、ある人物が体験するクオリアが収斂する先はいつも同一であり、その同一性は生誕から死ぬまで一貫して保たれているとわれわれは考えているものと思われる。

たしかに、クオリアについては、それが何であるかをクオリアがもつ内容によって説明することは難しく、自分がもつ主観的体験の「これ」だよと直示的に指示するほかはない。しかし、クオリアの担い手としての自分に対する直観的な理解は、小学校の低学年の子供においてもすでに保持されているように思われる。なぜなら、このような年齢の子供でも、「生まれ変わったら蝶になりたい」といったふうに語ることができ、人間であるときにもっていた記憶や性向などは全てこの世に残した上で、クオリアの担い手としての自分だけが来世に渡るといった、大人とほぼ変わらないクオリアに関わる理解がなされているように思われる。

物理的世界の因果的閉包性

このクオリアと脳との関係については、現代哲学の「心の哲学」において様々な意見が提出され、今もって論争のさなかにある。そこで、いったん本章ではわれわれの多くが受け入れやすいと推量される、クオリアと脳との関係についての比較的穏当な考え方を出発点としたい。その考え方とは、クオリアはわれわれの脳という物質的な存在の活動に「随伴（スーパーヴィーン）」して出現しているという考え方であり、[10] 物質的な存在としての脳と心理的な存在としてのクオリアがどちらも存在するという点で穏当であろう。ただし、この随伴説では、脳とクオリアとの関係は平等ではなく、前者が後者に影響を与えることはあっても後者が前者に影響を与えることはない。すなわち、物理的世界はそれ自身で始めから終わりまで因果的に閉じた独立性をもち（因果的閉包性）、いかなる意味でも物理的世界がクオリアによって影響を受けることはない。たとえば、針を刺した指の「痛み」と同時に思わず顔をしかめるといった場合においても、「痛み」というクオリアが顔をしかめるという物理的動作を引き起こしたとは考えない。このような状況を、随伴説では次のように説明する。すなわち、最初に指の痛みの信号を神経の求心性伝導路が脳の感覚野に伝え、その信号が脳でいくつかの段階で処理を受けた後に運動野に伝えられ、神経の遠心性伝導路からの信号が顔をしかめさせる顔面筋の収縮を引き起こす。そのとき、この過程に対して「痛み」のクオリア自体は何の効力も発せず、単にこの過程と同期して「痛み」のクオリアが発生すると考えるのである。

大脳の統御レベルとクオリアの随伴

それでは、われわれが体験するようなクオリアを、他の動物も保持しているのであろうか。あるいは、どのような生物であれば保持しうるのであろうか。この問いは、生物進化としての系統発生の上で脳がどの程度にまで高度な情報統御を行いうるまで発達した生物であれば、そこにクオリアが随伴するのかという問いに置き換えることができるだろう。

少なくともわれわれは日常生活の中で、主観的体験を人間だけが保持しているとは考えず、たとえば自分が飼う犬や猫といったペットが痛がったり喜んだりする振る舞いの中に、人間に類似した何らかの主観的体験が存在していることを感じているものと思われる。ここで、生物の中でも動物にはクオリアがあって植物にはクオリアがないと区分けができれば、物事の整理は判然としたものとなろう。しかし、実際にはそういった区分けには困難が伴う。たとえば、動物の中でもクラゲやイソギンチャクなどの腔腸動物には脳がない。系統発生の過程で、プラナリアやヒラムシなどの扁形動物に至って、身体の運動を調節するために身体が進む方向に位置する神経系の末端に、神経細胞が集合したわずかな膨大部ができる。これが、将来に脳へと進化する最初の起点となる。このような脳のもっとも原始的な様式から始まり、その脳を身体の一部としてもつ個体の進化と共に徐々に脳も発達を繰り返し、ついには哺乳類がもつような独特な脳の形となる。つまり、ヒトの脳に代表されるような、中枢神経系の末端部分を大脳皮質がぐるりと覆うような形態ができあがる。そしてこの過程で、脳が行う感覚神経系と運動神経系との間での情報処理は、より複雑な統御によってなされるものとなっていく。このように、動物において脳は漸進的な進化の段階をもち、クオリアをもつ動物ともたない動物の間を線引きすることはきわめて難しい。

そして、ここで提起されている問いは即座に次のような問いも惹起することになる。それは、人間が誕生に至るゆっくりとした個体発生の過程で、どの程度まで大脳の統御機構が作られれば、そこにクオリアが随伴するのだろうかという問いである。この生誕時の問いは、われわれが本書で主題としている人間の死の問題と無関係ではいられない。なぜなら、クオリアの随伴の有無が仮に物理的存在としての大脳における統御機能の水準に依拠するとすれば、クオリアがある状態とクオリアがない状態の分水嶺をどこに求めるかという問題は、死の場合と生誕の場合でおそらく一蓮托生となるからである。

大脳の発達とクオリアの発生

ここで、これまで本書ではこれまで関心を寄せてこなかった「生誕」にいったん目を向けてみたい。一般に生物種により生誕とみなされる時点は異なっており、鳥類や爬虫類では卵からの「孵化」であり、昆虫ではさなぎや終齢若虫からの「羽化」であり、植物では種子からの「発芽」であり、そして、人間では母体産道からの離脱としての「誕生」である。しかし、生誕をこれまでの議論に沿ってクオリアの随伴の開始としてとらえる限り、これらはどれも生誕には該当しないと考えられる。すなわち、生誕がクオリアの新たな発生であるならば、たとえば人間ではその時期は、受精後に神経系が徐々に構築されて最後に複雑な神経連絡の構造体としての大脳皮質ができあがる過程にある、母体内の胎児におけるどこかの成長段階にあたるだろう。[11]

この大脳皮質は、次のようにしてできあがる。最初、受精の時点から数えて第三週の時期に外胚葉から板状の神経板が発生し、第四週になると神経板は閉じて管状に変化をして神経管となる。やがて、神経管の壁は全部で三層となり、その第二層の外套層から将来神経細胞に分化する神経芽細胞が発生する。同時に、神経管の片側の末端は袋状に膨大し、脳の原基となる脳胞が形成される。胎生第五週から第六週になると、脳胞は左右の背外側に大きく突出して、左右一対の半球胞となって将来の大脳半球の原基となる。胎生第二月を過ぎると半球胞の壁は増殖して、前頭葉、頭頂葉、後頭様、側頭葉と分かれてゆく。胎生第五月には大脳溝が出現し、胎生第七月には大脳回が出現する。その後、増殖はさらに加速して脳溝や脳回の構造は複雑となり、最後に総数百四十億個に達する神経細胞を収容する大脳皮質へと分化する。この大脳皮質が形成される過程の「ある段階」にて、われわれの脳にはクオリアが胚胎することになる。[12] ただし、この「ある段階」

をどこに線引きをして特定するかは、今のところ困難をきわめる。この困難が、個体発生上での中枢神経系の発生に関するわれわれの知見がまだ十分ではないことに由来するのか、そもそも、クオリアの胚胎は漸進的であり線引きは原理的に馴染まないことに由来するのか意見が分かれるであろう。このことに関連するより詳しい議論は後の章に譲ることにするが、後者のような意見は、クオリアの濃淡といったような、クオリアをある種の強さのグラデーションとして理解していることになる。

脳の崩壊とクオリアの消失

それでは、今度は人間の死に伴って脳が崩壊するとき、クオリアはどのようにして消失してゆくのだろうか。これは、人間において脳の統御機構の機能がどの程度まで低下すれば、脳にはクオリアが随伴しなくなるのだろうかという問題である。一般に、臨死期では以前の章で述べたように、呼吸機能と循環機能が徐々に減弱するために脳は低酸素状態となる。ただし、このときに大脳の全ての神経細胞が同時に影響を受けるのではなく、そのときの病態に応じた脆弱性をもつ神経部位から障害が始まる。たとえば低酸素状態では、最初に海馬や大脳皮質の頭頂葉と後頭葉が障害を受け、その後に大脳皮質の全体が障害を受ける。このときに個々の神経細胞内では、細胞質が水分を吸収して拡大し、小胞体などの細胞小器官は膨化もしくは断裂し、核は収縮してゆく。そして、個々の細胞内にある全ての構造が分離してゆき、最終的な段階である融解の転機を

郵便はがき

料金受取人払郵便

神田局
承認

1743

差出有効期間
2023年12月31日まで
（切手不要）

101-8791

535

千代田区外神田二丁目十八─六

春秋社

愛読者カード係

＊お送りいただいた個人情報は、書籍の発送および小社のマーケティングに利用させていただきます。

(フリガナ) お名前	歳	ご職業
ご住所 〒		
E-mail 小社より、新刊／重版情報、「web 春秋 はるとあき」更新のお知らせ、イベント情報などをメールマガジンにてお届けいたします。	電話	

※新規注文書（本を新たに注文する場合のみご記入下さい。）

ご注文方法 □**書店で受け取り**		□**直送(代金先払い)** 担当よりご連絡いたします	
書店名	地区	書名	

読ありがとうございます。このカードは、小社の今後の出版企画および読者の皆様と
連絡に役立てたいと思いますので、ご記入の上お送り下さい。

名〉※必ずご記入下さい

●お買い上げ書店名(　　　地区　　　書店　)

書に関するご感想、小社刊行物についてのご意見

※上記をホームページなどでご紹介させていただく場合があります。(諾・否)

購読メディア	●本書を何でお知りになりましたか	●お買い求めになった動機
聞 誌 の他 **ディア名** ( )	1. 書店で見て 2. 新聞の広告で (1)朝日 (2)読売 (3)日経 (4)その他 3. 書評で(　　　紙・誌) 4. 人にすすめられて 5. その他	1. 著者のファン 2. テーマにひかれて 3. 装丁が良い 4. 帯の文章を読んで 5. その他 (　　　)

内容	●定価	●装丁
□満足　□不満足	□安い　□高い	□良い　□悪い

最近読んで面白かった本　(著者)　(出版社)

書名)

春秋社　電話 03-3255-9611　FAX 03-3253-1384　振替 00180-6-24861
E-mail:info@shunjusha.co.jp

とる。
ただし、ここでは臨死期に脳内で生起していることとして、今しがた述べたような形態的変化よりも、機能的変化に注目をするべきであろう。なぜなら、われわれがクオリアが脳に宿ると考えるときには、脳がもつ形態自体よりも脳が有する特殊な機能にクオリアが関連すると考えられるからである。すなわち、われわれの痛み、熱さ、痒みといった知覚、また、喜び、悲しみ、驚きといった感情、さらに、意図、創造、工夫といった欲動などは、全て脳だけが有する特有な機能によってもたらされるが、クオリアはこれらに随伴して発生しているのである。

ところで、全身を作る他の身体部位の細胞にはない、脳の細胞だけがもつ機能は何かというと、それはひとえに、脳内にある個々の神経細胞が電気的な興奮を発するという生理学的特徴である。この興奮は、活動電位もしくはオーバーシュートと呼ばれ、一秒の千分の一程度の短い時間、神経細胞の内側がプラスに、外側がマイナスに脱分極することが本態である。そしてこの活動電位は、神経細胞の軸索と呼ばれる長い繊維を伝わってゆき、神経細胞同士のつなぎ目であるシナプスを介して、次の神経細胞に活動電位が伝達されてゆく。脳内にある百四十億個の神経細胞の軸索は複雑なネットワークを形成し、神経細胞の間での活動電位による情報伝達が有機的になされ、知覚、感情、思考、欲動などに関わる高度な精神活動が形成されることになる。ただし、これら精神活動の基本的な要素は、どれも一秒の千分の一の時間で発生している活動電位である。

臨死期における神経細胞の細胞死は、当該の神経細胞における活動電位の消失を意味するが、臨死期においては神経細胞が先述のような形態的変化を見せるよりも前の段階で、神経細胞の活動電位は正常な働きができなくなると考えられる。ここで確認しておくと、活動電位は中間的な電位値をとることがなく、全か無（all-or-none）の性質をもつ。すなわち、神経細胞は完全に興奮しているか、もしくは全く興奮していないかのどちらかである。そして、このような活動電位を作るのが、神経細胞の表面にあるイオンチャンネルと呼ばれるイオンを通過させる構造物である。この構造物はタンパクでできており、臨死期に神経細胞への酸素供給が減少しはじめても、しばらくの間はイオンを通過させることができ、かろうじて神経細胞には活動電位が発生するものと考えられる。しかし、細胞の酸素欠乏がさらに進むと、神経細胞の細胞体と軸索の境界付近に密集するイオンチャンネルは正常にイオンを通過させることができなくなる。するとある時点から、神経細胞は突然に活動電位を発生させることをやめ、神経細胞の特徴である電気的興奮は消失するものと考えられる。[13]

ただし、大脳皮質内の神経経路は、興奮性神経系と抑制性神経系が複雑に絡み合って機能を果たしているため、臨死期における部分的な神経系の崩壊の時期には、神経活動の低下と一時的な神経活動の亢進が無秩序に混在するだろう。そのような段階を経て、最終的には多くの神経系がその活動を終了させてゆくと考えられる。今、脳内の神経系がもつ機能的単位に注目すると、たしかに、ある神経系の活動停止は、その機能的単位が担当する精神活動の消失を意味する。しかし、一人の人間の全体としての精神活動は、機能的単位に対応する精神活動の単純な総和ではなく、個々の精神活動が有機的に結合して全体を形成している。したがって、臨死期においてそういった精神活動が一つ一つ消失していったときには、全体としての精神活動はより未分化な活動に再編成されてゆくと考えられる。そして、脳内の神経系の活動停止の進行と共にこの再編成は繰り返され、最後には少なくとも外部から観察しえる精神活動は全て姿を消すことになる。

このような、臨死期における不可逆的な神経細胞の変性に伴って、脳全体で各神経系の活動が停止してゆく過程において、クオリアは消失してゆくことになる。しかし、どの段階でクオリアが消失することになるかは、生誕のときのクオリアの胚胎と同様に、その段階を特定することは困難をきわめる。少なくとも、クオリアに関連が深い特別な神経系があり、その神経系の活動停止をもってクオリアが消失するという証拠はない。よって、神経系の機能的単位の最初の機能停止の頃なのか、それとも、過半数に機能停止が生じた頃なのか、さらには、神経系の機能的単位の全てが機能停止したときなのか、とにかくクオリアの消失の段階がいつなのか特定することが困難なのである。困難の理由も生誕のときと同様であり、脳の崩壊に関わるわれわれの科学的知見が不十分なことに由来するのか、それとも、クオリアは漸進的なグラデーションをもちつつ消失し、その消失の地点を特定することが不適当なことに由来するのか意見が分かれるだろう。こういった問題から派生するクオリアに関するいくつかの論点は、先にも述べたように今後の章での主要な論題となることになる。

第5章

死の過程は自分で知りうるものか

臨死期における意識障害

かつてエピクロスは、「死が現実のものになったときには自分はいないのであるから、死は恐れるに足りない」と説いた。このエピクロスの言葉を認識論的に読み取れば、死後にわれわれの心がなくなれば自分の死を現在形で感じ取ることはなく、よって、自分の死は恐ろしいものではないと説いたことになる。それでは、エピクロスが説いた死後よりも少し前の時期である終末期に、われわれは死につつある自分をどのように体験するのだろうか。

おそらく、われわれのほとんどは事故や災害で命を落とすことはなく、何らかの疾病によって命を落とすだろう。たとえ、百歳を越えて天寿を全うしたと周囲に評されながら、医師の死亡診断書にも死因を老衰と記された高齢者の死であっても、やはり何らかの疾病が潜在すると考えていいだろう。実のところ、疾病によって死へと向かう過程では、先章の最終節で述べた脳の神経細胞の崩壊よりもだいぶ以前から、われわれの日常生活で主要な役目を果たしている普段の精神活動は、通常の働きが行えないようになっている。これは、脳の神経細胞がまだ不可逆的な変性を蒙らなくとも、呼吸機能の低下に起因する動脈血の低酸素状態、循環機能の低下に起因する動脈血の緩流不全、肝毒素や腎毒素の蓄積などといった要因が、脳の神経組織の正常な働きを阻害するため、普段の精神活動の前提となる一定の意識水準が保てなくなるからである。

意識水準は、脳幹部や視床下部にある覚醒中枢が十全に活動することによって維持されている。覚醒時には、これら覚醒中枢にある神経細胞に起源をもつたくさんのインパルスが、上方の大脳皮質を絶えず刺激し続けて、意識水準を維持しているのである。しかし、終末期になると、このような意識水準を維持する機構は今述べた要因によりしばしば作動不全を起こすようになる。

当初、この作動不全は短期間だけぽつりぽつりと出現するが、しだいに、まとまった時間において連続して作動不全が続くようになり、これが軽度意識障害の状態である。軽度意識障害の状態では、目を開眼して普段と変わらない会話ができ、周囲からは一見すると何の変哲もない状態であるように見えることがある。しかし、現在がいつの時間なのか、自分のいる場所がどこか、目の前にいる相手が誰であるかといったことがわからず、一般に〝失見当識〟と呼ばれる状態が出現する。この失見当識は、死期が近づいて意識障害が進行するにつれてより顕著となり、最終的には自分が置かれた現在の状況を全く把握することができないようになる。

このように自分がどのような状況にあるのか理解できないとき、死に逝く自分についての理解だけが例外となることはないだろう。すなわち、自分が患っていた疾病が最後段階に入り、いよいよ自分がこれから死へと向かうというような理解は、意識障害がごく軽度であるような場合を除き、一般的な意識障害の時期にはおよそ困難となる。もとより、意識障害にあるときは、健康なときのように思考内容を整然と統括することができなくなり、とくに、自分が現在体験していることを対象化してそれを反省的に意識するといったことは最も困難となる。したがって、死への過程で出現する意識障害の状態では、自身の死を自覚的に認識することは困難であると考えるのが自然な解釈であるように思われる。

終末期せん妄の出現

軽度の意識障害の時期に、意識障害に付随して頻繁に出現するのが「終末期せん妄」の名で呼ばれる、幻覚、妄想、興奮などからなる精神症状である。せん妄は、軽度意識障害を呈した状態に高頻度で出現し、よく見られる症状は、爬虫類や昆虫といった小動物が見えるという幻視体験であり、小動物を部屋から追い出してくれという本人の訴えで周囲がせん妄の出現に気付くことがまれでない。ときには、そのような小動物を部屋に投げ入れた人物がいるとして、二次的に被害妄想が形成される場合もある。さらに、他者を自分に敵対する人物であるとみなして、その他者に大声で罵声を浴びせることもある。

せん妄によって出現する言動や行動は、これまで永く本人のものであった人格特性と大きく乖離しているため、しばしば家族などの周囲の人々を驚かせる。こういったせん妄が出現する時期は、人によって多様である。死の数ヶ月前からのこともあれば、死の数日前からのこともある。また、せん妄の症状がごく軽度のときには、せん妄の存在が周囲に最後まで気付かれないこともある。とくに、身体の病態が急激に悪化したようなときには、死の数時間前にせん妄が出現することもありえるため、このような短時間に限って出現したせん妄については、周囲がせん妄の存在に気付く前にそのまま死に至ることもありえる。

それでは、こういったせん妄の時期に、死に逝く当人は自らの死を自覚しているのだろうか。今しがた述べたようにせん妄による言動や行動は周囲を驚かせるが、何よりも本人にとってこそ幻覚や妄想は未曾有の体験であり、幻覚や妄想の具体的な内容はもっか本人が対峙すべきもっとも重大な関心事である。この関心事に全霊を込めて立ち向かっているときに、自らに死が近づきつつあることの認識は消失してしまうか、少なくても自身の意識野の背後に押しやられてしまうと推測される。

実際に、終末期せん妄にある患者が、自分が今まさしく死に向かいつつあることについて現実に合致した文脈で語るのを、筆者は医師としてこれまで一度も経験したことがない。仮に患者が自分の死について語ったとしても、たとえば幻覚や妄想によって出現した迫害者が自分を殺しに来るといった、現実から大きくかけ離れたものである。このように、意識障害に付随して出現する終末期せん妄は、自身による死の自覚を一層に困難なものとする。

死と共に体験するもの

せん妄は意識障害にいくつかの精神症状が加わったものであるが、死の近接に伴う脳の障害のために意識障害が中等度意識障害から重度意識障害へと進行するにつれて、言葉や動作での表出はしだいに減少し、やがて常時閉眼したままの状態となる。さらに意識障害が進行して最重度の状態になると、外部への反応が完全に消失した状態である〝昏睡〟へと至る。昏睡は可逆的にも起こりうるが、臨死期の患者が死を向かえるときの最終段階として、時間の長短はあるにしても必ず経由する段階である。そして、臨終を前にした昏睡では、脳の障害は神経構築を維持したままの機能的障害の段階から、次の段階である脳のいくつかの部位における神経構築の損傷を伴う器質的障害へと移行し、最終的には脳はその全領域における神経組織の不可逆的な崩壊に達する。

ところで、外界への反応の消失を意味する〝意識がなくなる〟ということと、主観的な内的体験が消失することは同一ではない。このことは、ヒトのレム睡眠時に被験者を覚醒させて直前の主観的体験を聴取したときに夢体験が報告されることに示されていよう。さらに、レム睡眠時ではないノンレム睡眠時の、脳波上は昏睡時と同様に大脳皮質に起源をもつ活動が記録されない時期にも、被験者は何らかの内的体験が存在したことを報告する。ただし、ノンレム睡眠時の内的体験は、夢体験とは異なっている。すなわち、夢体験はレム睡眠時のような大脳皮質の活動水準が高いときに体験されるものであり、覚醒時の出来事を素材にした何らかの輪郭をもった内容からなり、多くの場合に視覚的・聴覚的心象や情動的要素を含むものである[14]。これに対し、ノンレム睡眠時の体験内容は輪郭をもたずに混沌としたものであり、その体験を言語で陳述することが難しく、また、そのときの体験の記憶も夢とは異なって急速に消失してしまう。しかし、それでも覚醒直後の被験者は、言葉で形容し難い何らかの体験をしていたと述べることが多い。[15]

あるいは、われわれは死の直前に到来する昏睡のアナロジーとして、麻酔によってもたらされる意識消失を思い付くかもしれない。しかし、ヒトの麻酔下においては脳の神経構築が健常に保持されたまま、ある秩序性をもった機序によって順序正しく意識を保つ機構に対する活動抑制がなされてゆく。しかし、死に至る過程での意識消失では、このような覚醒に対する抑制が常に一方向性に進行するわけではなく、ときには一過性に脳内の神経活動が亢進することもある。[16,17] 実際に、動物を実験的に断頭して脳死が進行してゆく過程を再現すると、脳波上では大きな律動的な電位変化が観察され、逆に電気的な興奮が亢進する時期があることが報告されている。このことには、先述のように脳内における神経機構の連結が、興奮性神経系と抑制性神経系が複雑に絡み合って機能を果たしていることが関係していると考えられる。[18,19]

これまで、ヒトの臨死期における大脳の電気的活動については、頭皮上に置いた電極からの間接的な記録に限られており、頭蓋骨の中にある大脳の表面から直接に活動を記録することは、様々の制約があり実施されることはなかった。しかし、ごく最近になって延命装置を外した患者において、死の直前の脳が発する電気的現象を大脳の表面から直接記録した所見の報告がされた。[20] その報告では、呼吸と心拍動が停止した後に神経細胞は一度興奮しなくなるが、最後に細胞が変性して融解する直前に「拡延性脱分極」と呼ばれる電気的興奮が再び出現し、その興奮が大脳皮質の表面に伝播することがわかってきた。[21]

したがって、死にゆく患者の内的体験に関しても、その体験が少しずつ滑らかに減衰してゆくわけではないと推測される。おそらく、この時期の内的体験は、何らかの輪郭をもつものではなく未分化な要素に分解されたものであり、すなわち、断片的な感覚や観念が無秩序に入り混じったものであろう。そして、そのような混沌とした体験が出たり入ったりする時期が一定の時間続くものと思われる。その後、それらの体験が途絶える時間がしだいに長くなり、最終的には内的体験が再び出現することはなくなるものと思われる。しかし、このときの体験をわれわれに報告してくれた人間は、人類が始まってから一人もいない。これは、生き返った人間が一人もいないことに対応する。[22]

臨死体験

たしかに、われわれは〝臨死体験〟をしたとする人々の報告を耳にすることがある。とくに先述の拡延性脱分極については、神経細胞が崩壊する過程での脳の最後の輝きのようにも見え、この現象こそが臨死体験に相当するという意見もある。しかし、そのような解釈が成り立つのは難しいと考えられる。なぜなら、臨死体験を後日に語れるような人々は、一般に〝臨死〟とされるような重篤な身体の状況には至らなかったと推測されるからである。すなわち、のちに臨死体験を言語で語れるような人々は、少なくとも呼吸や心拍動の停止によって言語中枢を含む大脳皮質が器質的損傷を蒙ることがなく、その後に重篤な後遺症を残すようなことがなかった人々である。繰り返すが、脳の神経細胞の器質的損傷は不可逆的であり、一度損傷を受けた部位の機能は回復しない。ちなみに、先の拡延性脱分極の出現は、大脳における神経細胞の細胞死が不可逆的に進行していることを意味する。したがって、このような現象が発生したときに生を再び取り戻すことはないであろう。

もとより、臨死体験で報告されるような、たとえば「トンネルの先に光が見えたが引き返した」といった高度に統合化され、かつ、内容が有機的に分化した体験は、脳の活動水準がレム睡眠と同程度に高い水準のときに出現しうる体験である。また、そのときの体験が後日まで記憶に定着していることも、脳の活動水準が比較的高い水準であったことを必要とする。これらは、そのときの脳の障害がなかったか、あったとしても、きわめて軽微な機能的障害のレベルであり、脳に器質的損傷を起こすほどの重篤な全身臓器の障害もなかったことを示唆するものである。したがって、一般に臨死体験として報告されるような状況は、前節で議論の対象とした臨死期に脳が不可逆的に崩壊してゆく段階よりも遙かに前の段階であり、少なくとも最終的な死へのプロセスは開始していなかったものと思われる。これは、臨死体験を語る人々が、死亡やそれに近い状態に接したものではないことを意味する。おそらく、何らかの理由で生命の危機に瀕する状態が発生したと周囲や本人がとらえ、そのために一度は生と死の間をまたいだものと多くの人々によってみなされたとき、それが臨死体験の名で報告されるのであろう。

死の過程と死そのもの

ここまで述べてきたように、死が近づくにつれてわれわれの意識水準は低下を続け、自身にこれから起きることを自覚することは徐々に困難となる。そして、いっそう死が近づいたときの主観的体験は、自覚といった高度に統制された思考にはほど遠い未分化なものとなる。したがって、以前にも述べたが、死の直前まで自己に迫る死を認識しながら最後の言葉を残して忽然と果てるといった終末は、死の原因が疾病である限り現実には起こりえない。そればかりか、たとえ死の原因が事故や災害であったり、さらには、犯罪や自殺によるものであったりしても、死の原因が疾病よりも急速に形成されただけの違いであり、身体への致死的な侵襲の結果として脳において生じることは、多くの場合に病死のときの脳での過程と同様である。

このことは、エピクロスが自分にとって死は知りえないものとした時点よりだいぶ遡った時点から、自己の死が知りえないものとなることを意味する。ただし、われわれはエピクロスの言説を、ここまでは意図的に知りえるかどうかといった認識論としてのみとらえてきたことに留意するべきであろう。すなわち、エピクロスの言説はさらなる主張を含んでおり、それは、われわれが死によって消失したときにはその死を蒙る主体が不在であるといった存在論的な主張も含んでいるのである。この主張は、死後にその死を担うのは誰であるかという問題であり、このことに関係した議論については後の第Ⅲ部でなされる予定である。

第6章　生の連続とクオリア

6・1　生の連続を支える物質は身体に存在するか

死と人間の同一性

先に、医学には死の定義というものがなく、死の診断基準だけがあると述べた。このことは、死を一義的に定義することの難しさを示すものであるが、それでも、次のような死に対する理解には、多くの人々が同意するであろう。それは、生あるときには人間としての何らかの連続性がずっと保たれており、死に至ってその連続性に終止符が打たれるという理解である。つまり、幼少期、青年期、老年期と歳を重ねるにつれて、性格、知的能力、記憶の内容といった心理的な特性がいくら変わったとしても、あるいは、顔かたち、身長や体重、身体臓器の機能といった身体的特徴がいくら変わったとしても、生きている間は人間としての核心的な部分が同一のままであり、その同一性が死によって断絶すると一般には考えられていると思われる。したがって、人間の死に関わる考察は、一生の時間を通した通時的同一性の問題を無視して語ることはできないものと思われる。

人間の通時的同一性については、同一性を基礎づけるものとして後の6・2節に述べるような複数の案が哲学者によって提出され、様々に議論がなされてきた経緯がある。ただし、その複数の案の中で身体の物質的な要素の同一性を基礎にしようとする案は、近年の生物学の進歩によって身体における細胞の入れ替えなどを理由に、議論の開始時点で早々に放棄されてきたように思われる。すなわち、近年においてはこの案の可否については、現代の自然科学的な知見と照らし合わせた十分な検討がなされないままにされているように思われる。したがって、この節では、身体を構成する何らかの物質的要素を根拠に、人間の通時的同一性が確保されるかどうか、今一度検討を試みることにしたい。

質的同一性か数的同一性か

さて、われわれは同一性について次のことを確認しておきたい。それは、生や死を主題にしようとするとき、身体の同一性を質的同一性としているのか数的同一性としているのかという問題である。質的同一性とは、同じ型式の鉛筆は未使用であれば質的同一性をもちうるであろうし、数的同一性とは、同じ型式の鉛筆の中で失くした一本がまた見つかったというときには、数的同一性のことをわれわれは述べているのである。

おそらく、人間の同一性を質的同一性に求めるとするならば、われわれはすぐにもいくつかの困難に遭遇するであろう。なぜなら、先に述べたように、子供のときの外見や性格と大人のときのそれらが大きく異なることはあっても、人間の同一性が否定されることはないからである。ちなみに、現在では人生の最終段階で数割の確率で何らかの認知症に罹患するが、それまでの記憶や性格特徴を全て失くしたとしても、当人を同一人物としてわれわれは扱うだろう。これらは、ある人物が誰であるかといった人物同定において、われわれが質的同一性を求めているわけではないことを示している。

それでは、逆に完全に質的同一性が確保された場合はどうであろうか。かつてある哲学者が、地球にいる一人の人間の身体構造を分子レベルまで解析した情報を火星に送り、その情報を基に火星にある地球と同じ分子の材量でそっくりの人間を作製することにより、人間を地球から火星まで転送するといった思考実験を行った。[23] そして、この思考実験において、本来転送と同時に破壊するべきであった地球の人間をそのまま残してしまうという失敗が起こったとき、火星にいる人間と地球にいる人間のうちのどちらが元の人間と同一であろうかという問が提起された。ただし、今われわれがここで注目したいのは、この問いへの答えではなく、こういった問いが問いとして成立しうるという点である。つまり、「どちらの人間が……」という問いが発せられた時点で、完全に質的同一性が確保された人間同士を、われわれは二つに区別しているのである。つまり、外見、思考、行動が全く同一であっても、火星にいる人間と地球にいる人間は別々であるとわれわれは考えているのである。このことは、次のことを示している。それは、われわれは人間の同一性としての本質を、質的同一性よりも数的同一性においているということである。

そもそも、現代では火星転送といった大掛かりな思考実験をしなくても、科学技術の進歩はクローン人間を技術的にはほぼ作製可能な段階まで来ている。クローン人間の作成は次のようにして行われる。始めに、一人の人間の身体から一個の細胞を取り出し、その細胞の中に入っている全身に関するDNA情報をコピーする。その情報をもとにし、元の人間の身体とそっくりの人間の身体を作ることができ、これがクローン人間である。しかし、仮にそのクローン人間が元の人間と完全な質的同一性をもったとしても、元の人間はクローン人間に対してもう一人の独立した人間であると感じるであろうし、かたや、クローン人間の方も元の人間に対してもう一人の独立した人間であると感じるであろう。このように、人間の同一性については、質的同一性よりも数的同一性が本質的になると考えられる。

人間の身体の数的同一性

今、もし仮に人間を物質的存在としての身体とみなして、その身体にある何らかの本質的な要素が生誕から死まで同一であることが証明されれば、物質的な同一性として人間の数的同一性が確保されるかもしれない。しかし、このような方法で人間の数的同一性を確保しようとする試みは、先述のように筆者の知る限り近年においてなされた形跡はなく、当初から失敗に終わるものとしてあっさりとあきらめられてきたように思われる。したがって、本節にてこのような方法での人間の数的同一性の確保の成否を確認してみることは意義があるように思われる。

たしかに、身体の全ての要素に関する数的同一性を、人間としての同一性の十分条件として求めようとすれば、当然ながら多くの人々が同意しないであろう。実際に、髪の毛の何本かは毎日脱落するであろうし、皮膚の表皮は刻々剥がれるが、これらを自己の同一性の危機ととらえる者はいないであろう。おそらく、われわれは日常生活の中で、身体を形成する主要な構造を漠然と意識しつつそれが数的同一性をもつ限り、その人間は同じ人物であり続けるとしているように思われる。

ところが、以前の章で述べたように、われわれの身体を作る細胞は分裂増殖を繰り返し、増えた数にほぼ相応する数の細胞がアポトーシスによって消失してゆく。人間の身体は、約六十兆個の細胞よりなるが、一日にその二百分の一の約三千億個の細胞が入れ換わる。これは、人間の身体から一日に二百グラム程度の物質が体外に排出され、食物を通して同じ量の物質が身体の構成要素になることを意味する。身体の器官によって、入れ換わるサイクルは異なるものの、数年単位でほぼ全身の細胞が以前と異なる細胞になると言われている。

脳の数的同一性

このように、人間の同一性を、身体を形成する物質的要素の数的同一性に求めようとすれば、生誕と死が人間の同一性の両端に該当するわけではないようにも見えてくる。つまり、人間の生誕から死までの人生はいくつにも分断され、自分はその断片の一つに相当するに過ぎないようにも見えてくる。われわれは、人生の中で何度も死亡するが、自身がそれに気付かないだけなのだろうか。

しかし、再びわれわれのクオリアと密接な関係をもつとされる脳に注目すると事情は大きく異なってくる。たしかに、脳全体の細胞を見渡すと、たとえば脳の構造を作るグリア細胞などは分裂増殖をして細胞の入れ替わりを繰り返す。しかし、グリア細胞に力学的に支えられて存在する、脳の大部分を占める神経細胞は、心臓の心筋細胞などと同様に生誕時から細胞分裂をすることがなく、生涯に渡ってそのままの状態で存在する非分裂系細胞である。そして、この神経細胞こそが脳内で複雑なネットワークを作り、脳がもつ情報伝達の中枢としての役割の本体をなす細胞である。はからずも、クオリアが随伴する脳内の組成としてもっとそれに相応しいと考えられる脳内の神経細胞は、人間の誕生とほぼ前後する時期に大量に出現し、生きている間にそのままの細胞であり続け、人間の死の進行と共に全て消滅してゆく存在である。今や、一人の人間における個々のクオリアをまとめあげる根拠を物質の数的同一性に求めようとしたとき、脳内の神経細胞こそがそれを保証するものであるように見えてくる。

身体の分子レベルでの入れ替わり

だが、ここまでの議論は、身体の各組織で毎日行われている新陳代謝を全て無視した議論である。もしも、身体を分子レベルの細部まで見れば、細胞内の構造を作る分子はめまぐるしく入れ換わっているとされている。この入れ換わりは「動的平衡」の名前で呼ばれ[24]、これは脳内の神経細胞も例外でない。つまり、脳内の神経細胞のような非分裂系細胞においても、それを構成する分子自体は絶えず別のものに入れ換わっていることになる。この分子レベルでの代謝回転の早さは、身体各部で異なっており一秒以内の早い物質から、赤血球にあるヘモグロビンや水晶体のクリスタリンのように数ヶ月と長いものまである。ちなみに、DNAから一時的に情報を受け取ってタンパク質を作ることに寄与するメッセンジャーRNAは、その役目を終えると数十分ほどで消失するとされている。

しかし、ここでも一つだけ例外が存在する。それは、DNA鎖であり、DNA鎖を構成する個々の核酸は、一つの糖分子と一つのリン酸基と一つの塩基の三つが結合してできているが、この核酸自体は代謝回転をすることがなく細胞内で同一のまま存在する可能性が残されている。なぜなら、核酸を作る窒素原子を放射線同位元素として標識すると、細胞分裂を繰り返すような細胞であっても標識された窒素原子はすぐには消失せず、幾度も分裂を繰り返した後もいずれか一つの細胞の中に残留することがわかっている。したがって、脳内の神経細胞のように分裂増殖をしない細胞内では、神経細胞の本体が変性疾患などで脱落しない限り、細胞内のDNA分子は数的同一性をもちつつ生涯の間同じものが存在し続けている可能性がある。ちなみに、このＤＮＡは一個の生物の全情報を自身の中に備え、その情報を新たに生成する細胞に伝達する基礎となる物質である。まことに皮肉であるが、質的同一性を作る根幹となる物質が、それ自体は身体の中で唯一の数的同一性を保持するかもしれない存在なのである。

点在する脳内のＤＮＡ

ここまで、われわれは生の連続性を支える物質を身体の中に探そうとしてきた。その結果、その候補として探し出されたものが神経細胞内のＤＮＡ分子であることは、それが奇しくも脳内にあることと、それの出現と消失のタイミングが生物個体の生誕と死とされる時点とほぼ一致することから、一見すると理想的な対象が見つけられたようにも見える。なぜなら、先述のように身体の中で脳こそが、われわれが生きている間に体験するクオリアと密接に関係していると考えられるからである。

しかるに、脳内にある神経細胞のＤＮＡは、たとえば人間であれば細胞の核内である四十六個の染色体の中に、ＤＮＡ鎖として別々に折り畳まれて存在する。したがって、その限りではＤＮＡは一個の神経細胞の中でさえそれぞれの染色体内にバラバラに点在していると言える。もとより、個々の神経細胞は緻密な情報連絡のネットワークを作って脳全体として一つの統合した働きをするが、細胞の核内にあるＤＮＡ自体は、神経の情報伝達の本態である活動電位という電気的な現象に直接的な関与をするわけではない。

先述のように、脳内には約百四十億個の神経細胞が存在する。しかし、どの神経細胞内にあるDNAも、誕生時にさかんに神経細胞が作られるときに果たした役割の痕跡をそこに残すのみであり、今しがた述べたように精神活動を生み出す神経細胞の興奮とは無関係である。今や、膨大な数にのぼる孤立したDNAが、隣の細胞のDNAと何らの関係ももたないまま点在しており、これはクリスマスツリーに数多くぶら下げられた電球が、隣の電球の点滅と無関係に無秩序に点滅している姿に似ていなくもない。結局、たとえ脳内の神経細胞にある個々のDNAについて数的同一性が保たれたとしても、DNAという物質自体が一つの精神として統括された人間の数的同一性の基礎になることは難しいように思われる。[25]

6・2　人の同一性の哲学

錯綜する同一性の論点

人の同一性の問題は、とくに英語圏の分析哲学の中で、従来から様々な角度から議論がなされてきた。これまで、同一性の基礎となるものとして、記憶や身体が連続していることなどが候補に挙げられてきたが、その一方で、同一性は何らかのものに還元されるものではなく、それらをまとめあげる魂のような一つの究極の私があるといった主張もなされてきた。さらに、こういった議論の過程で、人間の同一性の基礎が、脳といった物理的なものかそれとも心理的なものかが論争されたり、ときには、同一性があるのは自分だけなのか他者にも成立するかといった論争も平行してなされてきた。

このように、人の同一性をめぐっては論点を別にする論争がこれまでしばしば発生した経緯があり、それらは、還元主義と非還元主義の対立であったり、物理主義と非物理主義の対立であったり、独我論と非独我論の対立であったり、同一性に関する絶対主義と相対主義の対立だったりしてきた。その理由として、人の同一性の問題には、物質、時間、変化、因果といった伝統的な形而上学の問題が深く関わっており、それらの問題自体が現在も論争中にあるといったことが関係しているだろう。

たしかに、人の同一性などは始めから存在せず、瞬間的な知覚のみが非連続にあるだけであるといったような、ヒュームによるニヒリズムを受け継ぐ主張も一部ではなされてきたが、あくまで議論の主流となるのは、いかなるものを基礎にして人の同一性が保たれているかを探ろうとするものである。次から本節では人の同一性の問題をいったん還元主義と非還元主義に分類することを採用するが、その理由はもっとも平明に問題を見通せるように思われるからである。

還元主義

還元主義は、人の同一性は、何らかの基本的な存在の同一性に還元されるという考え方である。[23][26] その基本的な存在としては、古くから記憶の連続性を主張する記憶説や、身体の連続性を主張する身体説があった。[27] はじめに、記憶説について検討してみよう。ある一人の男性がいて、五歳の頃のことを二十歳のときには覚えていたとする。そして、その男性が七十歳になったとき、五歳の頃のことは忘れていたが二十歳の頃のことは覚えていたとしよう。このとき、五歳の自分と二十歳の自分の同一性が記憶によって確保され、さらに、二十歳の自分と七十歳の自分の同一性が記憶によって確保されていれば、同一性には推移性があることから、五歳の自分と七十歳の自分の同一性が成立する。ここで、誕生から死に至るまでの間の時間を細かく刻んだ多くの対を考えるならば、対の内部では記憶による同一性が成立するであろうから、これに推移性を適用すれば、誕生から死に至るまでの同一性が成立するのかもしれない。

しかし、記憶を根拠にした同一性には次のような困難な場合が生じるであろう。近年、高齢者では高い頻度で認知症を患うが、認知症が重度となってついにはこれまでの人生の記憶を全て失ったとしても、われわれはその高齢者を認知症が発症する前の人物と別人であるとみなすことはないであろう。同様に、記憶喪失の名称で一般に呼ばれる全生活史健忘の患者を、われわれは以前の記憶がないことを理由に別人であるとすることはしないであろう。それどころか、われわれの日常においても、わずかにまどろんで覚醒水準が低下したときのことを、後になって想起しようとしても記憶の内容は皆無であることが多いが、そのときだけ自分が別人であったとはみなさないであろう。したがって、人の同一性の根拠を記憶に求める意見は近年ではきわめて限られているように思われる。

一方、身体説については、現代において身体説として主張されているものは、先の6・1節で議論した身体にある何らかの物質的対象の数的同一性を主張するものではない。すなわち、身体の構成要素である細胞の入れ替えなどの科学的事実を踏まえた上で、人間的身体の特性が時空的連続性をもつことを根拠にするべきというものである。たとえば、隣家の子供について、五歳のときは二十キロであったものが二十歳のときには七十キロになって大きさが全く異なっていても、十五年の間、自宅にいても学校にいても、毎日人間特有の身体の形態を保ちながらわずかずつ大きくなったに違いないのである。この場合、①人間的身体の特性と②時空的連続性の二つが保たれていることが、人の同一性の条件とみなされることになる。しかし、①の人間的身体の特性がどのようなものであるべきかについては、そのときどきのコンテキストに依存ながら常に曖昧である。たとえば、表情を作りながら会話をするのが人間的特性であるとすれば顔に時空的連続性があればそれでよいことになり、右手で威勢よく握手をするのが人間的特性であるとすれば右手に時空的連続性があればそれでよいことになる。

ところで、近年の英語圏での「心の哲学」における還元主義としての身体説では、身体の各部分の中でも人の同一性を支える重要な臓器として脳を考えるようになり、これと連動するように、還元主義での記憶説も少しずつ変化を見せ、記憶に限らず、感覚、意欲、判断といった脳が関わる心理的現象全般にも焦点があてられるようになった。もとより、物質的存在としての脳と心理的現象との間には密接な関係があることから、両者の関係を哲学としてどう扱うかは「心の哲学」の中で主要な課題となるが、心と脳を同一としてとらえるような論者にとっては、もはや身体説と記憶説の区別は消滅することになろう。本書では、この心と脳の関係に関する論争については基本的に参入しないが、いずれにしても、還元説をとるときには、〝因果関係〟についての重要な問題点を解決する必要があるであろう。たとえば、仮に人間の根本をある特徴的な身体的構成にあるとする考えに立てば、人の同一性の根拠を過去から現在まで変化してきたその身体的構成の〝因果関係〟に求めることになるだろう。しかし、そういった身体的構成の因果関係は、始めから同一とみなされる対象について成立しうることである。このことから、因果関係を人の同一性の基礎にしようとする案については、同一性の根拠を求めるにあたって、同一性を前提とした対象にその根拠を求めるという循環した論法となることが以前から指摘されてきた。

また、次のようなアンガー[28]よって提出されたパラドックスも、還元主義に困難をもたらす。アンガーのパラドックスは次の①から③までの連鎖式からなる。①私は存在する ②私が存在するのであれば、私の身体は有限個の細胞からなる ③私が存在するのであれば、一個だけ細胞を取り除いても別に私が存在しなくなるわけではない。これら三つは同時に成立しそうであるが、そうはいかない。もし、③が正しいのであれば、細胞をどんどん取り除いてゆき、ついに最後の一個を取り除いても私は存在することになり、これはパラドックスとなる。このことより、アンガーは連鎖式の①を否定し、ゆえに、私は存在しないという結論を引き出す。しかし、われわれにとって私が存在しないとすることは、自身の直観に反することから簡単にできることではないであろう。[29]

還元主義における以上のような困難は、人間を物質的対象とせずに心理的現象ととらえても同様に発生しうる。すなわち、知覚、記憶、判断といった心理的要素の〝因果関係〟を同一性の根拠にしようとしても、そのような因果関係はそれらの心理的要素の同一性をあらかじめ前提としているならば、この場合にも根拠の循環があるという誇りを免れることができないだろう。また、アンガーのパラドックスの件についても、人の心理的現象を記憶、判断、感情、意欲などに関する細かな心理的現象の集まりとすればパラドックスは避けられない。ここに、還元主義は隘路にはまることになる。

もっとも、還元主義者の中には、人の同一性について、身体の全体と一個の細胞との間で、または、心理現象の全体と一瞬の知覚との間でおだやかに移行するグラデーションを想定し、人が同一性を維持するための条件は、その条件を含むコンテキストに依存しながらこのグラデーションのどこかにそのつど位置すると主張する論者もいる。[23] これは、人の同一性は程度問題であるとする相対主義的な考え方である。しかし、とりわけ人の同一性については、それが程度問題であることは許されないであろう。すなわち、人は確定的に誰かなのであり、程度問題であることはないとする直観をわれわれはもつのではないだろうか。実際に、「誰であるかは、程度問題である」という言明がなされたとき、「誰であるか」という主語が独立して成立することの中に、人が誰であるかは画一的に決定されるべきという主張が潜んでいるように思われる。

非還元主義

一方、非還元主義は、人の同一性が還元主義のように物質的対象や心理的現象に還元しつくされることはなく、それら物質的対象や心理的現象を構成する個々の要素はある一つの究極の《私》が担うものであり、その一つの究極の《私》こそが人の同一性を基礎づけるとする考え方である。[30][31] この非還元主義の最大の強みは、われわれが人間を一つの独立した人格としてとらえるときの常識とよく均衡することである。つまり、一つの人格は一つの身体と対応し、また、一つの人格は一つの心と対応するといったわれわれの常識を裏切ることが少ないように思われる。

さらに、この非還元主義をとれば究極の私は常に同一であることがそれ自体の定義に含まれていることから、先に還元主義で問題となった同一性の根拠に関する循環に悩まされなくて済むことになる。また、究極の私は真部分集合をもたない単体であることから、アンガーのパラドックスにも悩まされる必要がなくなる。

この一つの究極の私は、一見すると人の同一性を保証するために要請された架空の存在のようにも見えるが、それが体験の事実性に基づくと主張する人々もいる。つまり、われわれの個々の体験が自分のものであるとされるのは、個々の体験を統合する私の存在という論理要請的な構造によるものではなく、そのつどの体験が私の体験であるという事実に基づくという考え方である。

ただし、私の体験であるという体験自体は二次的に加工された体験であり、原初的な体験には《私》などは伴われていないという主張もある。つまり、《私》の登場のためには、私と平等に横に並び合う他者が存在してその中の一人が自分であるという、外側からの俯瞰的な視点を経由する必要があり、内側からの生の体験に《私》は含まれていないという主張も提出されている。このような主張に従えば、同一性を支える究極の《私》の根拠を体験の事実性に求めることは難しいことになる。

以上の問題と平行しながら、非還元主義に対しては、よく知られた反実仮想による反論が長らく行く手を阻んできた。その反実仮想とは、ある一人の人間を左右の大脳半球を結ぶ脳梁の箇所できっちりと全身を半分に離断し、一つをレフティと呼び、もう一つをライティと呼ぶことにしたとする。そして、レフティとライティは記憶を含めて全く同じ心理的性質をもっていたとする。このとき、元の人物と同一なのはレフティとライティのどちらとするのか、あるいはどちらも同一であるとするのかという問いに対し、非還元主義では合理的な回答が困難なる。なぜなら、非還元主義では一つの究極の《私》に基礎を置くが、一つの究極の私はレフティとライティのどちらか一方にしか入ることはできないからである。この問題には、一つという数量をもつ対象が二つという数量をもつ対象になることはないという、数量性に関わる規範の問題も関わってくる。[32]

以上、われわれは、人の同一性の問題を、還元主義と非還元主義に分類して見渡してきた。ここまでのところ、還元主義と非還元主義のどちらも、それぞれに特有の困難が控えているように思われる。次節からは、人の同一性の問題をクオリアの同一性の問題として再検討してみる予定である。それは、この試みによって還元主義と非還元主義が抱える困難が、いくらかでも解消されるように思われるからである。そして、このように自分の生をクオリアの特質としてとらえたとき、自分の死はクオリアの消失を意味することになる。そのクオリアの特質を探ることが、この第Ⅱ部の最後の課題となる。

6・3　クオリアとしての同一性

クオリアと輪廻転生

ここで、これまでの議論から少し離れて、輪廻転生について話題としてみたい。というのも、近年においても宗教を離れた視点から、輪廻転生の可能性が提案されることがあるからである[33,34]。その提案では、現世の記憶や現世の人間がもつ心理的特徴は現世に置いたまま、それらとは別個のクオリアの担い手としての《私》だけが転生するとされる。このような転生は、記憶や心理的特徴は脳によって作られており、死による脳の崩壊によって記憶や心理的特徴は消失するという現代の科学的思考とも齟齬をきたさない。そして、このときに新たな転生先が決定したときには、転生先の脳でクオリアの担い手が新たに「発生」するのではなく、転生先の脳にこれまでのクオリアの担い手が「移動」することになる。もし、われわれがここでこのような輪廻転生の立場をとるならば、「死は不可避か」の問いに対して、即座に「避けうる」とする答えを出すことになろう。なぜなら、生死を問われる主体はもはや人間の身体や脳ではなく、始まりと終わりがなく永遠に存在し続けるクオリアの担い手としての《私》がその主体となるからである。

また、このような別人への輪廻転生には賛同しなくても、今の自分の身体と質的同一性と数的同一性の両方をもつ身体があったとすればその身体に関するクオリアの担い手は今の自分のクオリアの担い手に相当するという考え方からは、次のような一種の輪廻転生の発想が生じるかもしれない。なぜなら、自分の死によって自分の身体を作っていた構造はいったんなくなるが、身体を作っていた分子や原子は、それ自体としては不滅であって、地球上、もしくは、宇宙にばら撒かれることになる。ところで、もし自分の死後において外界で流れる時間が無限に近いほど長ければ、分子や原子のレベルまで生前の身体と質的同一性と数的同一性の両方を満たす身体が、偶然に出現する確率はゼロでなく、このときには再び自分がこの世界に再現することになる。このような自分と同一の身体の再出現は、転生までに時間の隙間を挟んだ輪廻転生と言えるかもしれない。

ただし、これらの輪廻転生観には、核心的な前提を必要とする。それは、他人に転生したとしても、今の自分の身体と同一の身体に転生したとしても、同様に発生する問題であり、それは、転生先の人間のクオリアの担い手としての《私》が、今の自分のクオリアの担い手としての《私》と同一であるという前提である。おそらく、他人に転生したとするときにはそれが同一であることは、他人に転生するという発想自体の中に含意されていることになろうが、現実世界を見渡す限り自分である《私》はただ一つの身体のクオリアの担い手として固定されている。このことから、他人の身体の担い手の《私》を追い出した上で、さらに、自分の《私》がそこに居座わることができることの根拠はどこにもない。さらに、質的同一性と数的同一性の両方を満たす身体が自分の死後に偶然に出現したときも、その身体の一部である脳に随伴するクオリアの担い手が今のこの自分の《私》であるということに関しても、もっかのところ根拠はないと言うべきであろう。

輪廻転生の発想は、人類の歴史の中で様々な形態を経ながら、われわれの死生観として綿々と引き継がれてきた。これは、永遠の生を期待するわれわれの願望を叶える死生観として、まさしく恰好であることは間違いない。しかし、今しがた述べた理由によって、本書がこの輪廻転生の死生観をすぐに採用することは難しい。いずれにしろ、このような問題は、一つの身体と一つのクオリアの担い手との対応が、必然的であるか偶然的であるかという問題が関わってくるだろう。この問題は、次の第Ⅲ部での主要なテーマとなる予定である。

クオリアはどこかに収斂するのか

再び、これまでの議論の主題に戻ることにする。われわれは、自己の体験の流れの中で、そのつどクオリアが自分にいつも所属するものとして体験されるように思われる。このことは、クオリアが常に一つの収斂先をもち、その収斂先こそが究極の《私》に相当するという、一種の非還元主義の考え方を誘うものかもしれない。この考え方に従えば、人間は生をもつときに一貫してクオリアの担い手であり、一方、死に臨んではその担い手が消滅するといった構図ができあがるであろう。そして、このような一つの担い手が、生を受けた期間に限って存在しているという構図は、おそらく多くの人々が共有する生と死に対する理解にもよく符合すると思われる。

ただし、こういったクオリアの収斂先やクオリアの担い手に関する議論は、すでにクオリアに対して一定の前提を付与することによって成り立っていると思われる。その前提とは、クオリア自体が一個の独立したトークンであるというものである。たとえば、あるときに指を針で刺して生じた痛みのクオリアと、かつて同じ針を刺したときの痛みのクオリアは、痛みとしては同一のタイプであっても、それぞれ別個のトークンであるとされるのである。このように、クオリアが個々にトークンであるとするからこそ、それらのトークンがいつも収斂する先としての《私》が必要とされ、《私》についてもその通時的同一性が意味をなすように見える。

トークンとタイプとの相補性

　ところで、ある対象をトークンとしてとらえるとき、その対概念であるタイプを完全に排除できるかというと、それほどたやすくない。たとえば、トークンという概念を説明するときに、TOMATOというスペルの中にTという一種類のタイプが、トークンとして二個存在しているという例がよく用いられる。しかし、このときにTが二つであると数えられるのも、スペルの一番目のTと五番目のTがタイプとしての同一性をもつからである。別の例も挙げてみよう。川の上流から雑多な浮遊物が流れてきたとして、そのときに木片が三個あるとわれわれが認めたとしよう。このときに、木片を三つのトークンとして別々に認めたわけであるが、その条件としてその三つには木の性質といったタイプとしての同一性が必要であったはずである。それがなければ、川の水面は雑多な浮遊物以上のものは存在しなかったはずである。一方、タイプの方も、もしも眼前の浮遊物が別々にトークンとして分離されることを欠くならば、独立した木としてのタイプ同一性も生じなかったはずである。このように、トークンとタイプは互いに相補性をもつが、この相補性は、キレイがあるからキタナイもあるといった概念上の相補性にとどまらず、個体に対して数的同一性と質的同一性を付与するような存在論的な相補性として理解するべきであろう。

　おそらく、世界に存在する物質的対象については、全てこのようなトークンとタイプの相補性をもつと思われる。具体的には、われわれの身の回りにある鉛筆、机、家といった対象がそうであろうし、人間の身体については筋、血管、赤血球といった身体を作る対象がそうであろう。さらに、そのような相補性は、人間における一つ一つの心理的現象についても該当するであろう。すなわち、遠足の思い出、母を亡くした悲しみ、思いついたアイデアなどはどれもトークンであるが、それらは記憶としてのタイプ、感情としてのタイプ、思考としてのタイプをもちうるからこそ、それぞれが独立したトークンでありえると考えられる。

それでは、クオリアについてはトークンとタイプの相補性はどのようになっているのであろうか。先述のように、クオリアはトークンでありえたときにこそ、個々に収斂することも、収斂先としての究極の《私》も意味をなしえるものと考えられる。よって、クオリアがトークンでありえることは、究極の《私》の成立にとっては十分条件となる。しかるに、今しがた述べたトークンとタイプの相補性からは、クオリアがトークンでありえるためには、同時にクオリアがタイプとしての資格をもつことも必要である。果たして、クオリアはトークンとタイプの両方をもちうるであろうか。

クオリアの私秘性

ここで、クオリアがもつ核心的な特徴としての私秘性について確認をすることにしたい。前述のように、クオリアはあくまで自分だけの主観的な体験であり、クオリアを指示するときは自分のこのクオリアというふうに直示的に行うしかない。このようなクオリアの徹底的に一人称的な性格は、他者のクオリアについてそれ自体を指示することが困難であることを意味している。すなわち、われわれが他者のクオリアについて言及するときには、自身のクオリアを他者に投影することにより類比的にそれを語ることしかできない。

ときに、「クオリアの反転」について議論されることがある。[35] これは、たとえば自分が「赤」と呼んでいるクオリアは、実は他者が「緑」と呼んでいるクオリアに相当し、自分と他者の間で赤と緑のクオリアが反転している可能性があるという議論である。しかし、クオリアは徹頭徹尾私秘的な性格をもつことから、自分のクオリアを他者のクオリアと比較することは始めからが無意味である。すなわち、クオリアが反転しているとすることも、あるいは、反転していないとすることも、そもそも原理的にできないのである。このような自分と他者の間でのクオリアの比較の困難は、実際の場面で比較をすることができないといった認識論的な水準ではなく、自分と他者との差異がもたらす存在論的な水準に起因する事柄である。[36] 実のところ、自分自身の内部においても、今の痛みクオリアがさっきの痛みクオリアと同じかどうかといった比較はできない。なぜなら、さっきの痛みクオリアは、記憶にある今のクオリアとして代替でもしない限り、直示できないことについては他者のクオリアと同様だからである。

クオリアはトークンなのか

このようなクオリアの徹底した一人称的性格は、タイプがもつ外部的視点からの三人称的な性格とは相容れない。すなわち、タイプは共同主観的に承認されうる客観性をもち、それ自体が一定のカテゴリーの枠に収まりうる。たとえば、赤という性質のタイプは色のカテゴリーに収まり、ラ音という性質のタイプは音階のカテゴリーに収まる。これに対して、内部的視点からの一人称的なクオリアは、一つのカテゴリーに収まりきらない体験である。たとえば、指を誤って針先で刺したときのクオリアは、痛みという感覚のカテゴリーだけではなく、かつて同様の体験をしたという記憶のカテゴリーを含んだり、もうこんなヘマをしないようにしようという意図のカテゴリーを含んだりしている。このように、原初的なクオリア自体は、いくつかのカテゴリーをまたぎうる体験であり、その体験を他者に語ったり自分で確認したりする場面で、二次的に何らかの共同主観的に承認されうるカテゴリーで体験を切り取っているに過ぎない。したがって、実際に体験される生身のクオリアは、外部的視点からの三人称的なタイプとしての資格を元々もっていない。ところで先にわれわれは、タイプとトークンの存立に関する相補的な関係を確認したはずである。このことから言えることは、クオリアはタイプとしての資格を有していないばかりでなく、同時にトークンとしての資格も保持しないということである。

ここまで、われわれはクオリアの担い手となるようなトークンとしてのクオリアの収斂先を想定し、それに対して究極の《私》を当てはめようとする方法の妥当性を検討してきた。しかし、今やクオリアがトークンでないとすれば、クオリアは個々に収斂することもなく、同時に、クオリアの収斂先が形成されることもない。ここにきて、人間の生の連続性をとらえるにあたって、クオリアの担い手としての究極の《私》を主役の座にすわらせようとする方法は頓挫することになる。

ところで、クオリアがタイプやトークンであり得ないとすれば、クオリアの脳への随伴は新たにとらえ直す必要が出てくると思われる。結論を先に述べるならば、この随伴はきわめて弱い随伴とならざるを得ないであろう。なぜなら、クオリアの内容に影響を及ぼす脳内の物理現象は、外部的な視点でとらえられる個別的な要素にまで分解可能であり、その一つ一つはタイプやトークンとしての資格をもつが、一方で、それに随伴するはずのクオリアはタイプやトークンを有しない。このことから、タイプ同士の随伴であれ、トークン同士の随伴であれ、脳内現象とクオリアが厳密な一対一の対応関係をもつといった強い随伴性は成立しえないのである。[37]

クオリアの凝集塊としての私

しかし、それでもなおクオリアに私という存在の源泉を求めようとするならば、次のような方法が残されているように思われる。それは、私をクオリアの凝集塊そのものとしてとらえる方法である。先に、原初的クオリアは複数のカテゴリーをまたぐものであることを述べたが、このような原初的クオリアは時間をもまたぐものと考えられる。すなわち、クオリアは時間の経過に伴って絶えず変容しているが、このようなクオリアについてその時間的切片を想定することは恣意的な理解に過ぎず、当初から時間の延長をもった凝集塊を形成していると考えるべきであろう。

このように、クオリアの凝集塊が時間的な延長をもつとしたとすれば、われわれは少なくともクオリアについては、ある種の四次元主義を採用していることになる。ただし、この〝凝集〟は、決して有限な部分からなる全体としてのメレオロジカルな構造を意味しない。なぜなら、有限な部分に相当するトークンとしてのクオリアは存在しないからである。つまり、私の一生としてのクオリアの凝集塊は、内部に明確に区別された時間的部分をもつことはない。このことからすれば、ここでのクオリアの凝集塊は、四次元主義として提案された複数の主張のうち、存在者を部分や段階をもたない一個の四次元的な広がりをもつ対象としてとらえるワーム説に相当するものに見えるかもしれない。しかし、一般的なワーム説でとらえられる一個のワームが、両端を外部的視点で区切られた時間的持続であるのに対し、クオリアの凝集塊は体験の内側からのみとらえられる時間的持続であり、両端に相当するものをもたない。なお、このように私をクオリアの凝集塊とみなそうとすることは、一見すると私をクオリアの凝集塊に還元しようとする還元主義に相当するように見えるかもしれない。しかし、元来より還元主義は、当の対象を外部的視点からの三人称的な対象へと還元するものである。しかし、クオリアはこういった外部的視点からはとらえられず、常に内部的視点からの一人称的な対象である。したがって、「私」をクオリアの凝集塊とすることは、従来の還元主義の中に収まりきらない側面をもつと思われる。

ところで、このようなクオリアの徹底的に私秘的な性格は、クオリアの凝集塊が公共的な場面での客観的な対象になりえず、同型性をもったクオリアの凝集塊が平等に並ぶわけではないことを示している。それにもかかわらず、通常われわれはクオリアの凝集塊を何らかの実在する

〝種〟であるかのようにとらえ、それが七十五億いる個々の人間に対応しているようにとらえてしまうかもしれない。ここでクオリアの凝集塊の特性を明確化する目的で、いったん種について確認してみたい。種には、生物種、物質種、人工物種などがあるが、ここでは生物種の〝イルカ〟を例に挙げることにする。今、海中に潜り、そこに浮遊するプランクトンを含めた多くの生命の中にイルカを認めたとする。このとき、イルカという種によって対象を把握することは、そのようなイルカが何頭いるかという〝数え上げの原理〟を与えていることを意味する。つまり、われわれはイルカという種を用いることによって、たとえイルカの近傍を多くの小魚が泳いでいても、あるいは、イルカの皮膚の表面に膨大な数のプランクトンが付着していても、それらの生命を除外して、一頭のイルカを周縁でくくり、そのくくられたイルカが何頭いるか数えることができるのである。[38]

一方、自分のクオリアについて周縁でくくろうとしても、自分のクオリアの凝集塊にはくくるために外部と区別するための境界がない。つまり、クオリアの凝集塊は本来自分の内側からのみとらえられるものであり、外部との境界を見極めることができる鳥瞰的な視点でとらえられる対象ではない。したがって、本来のクオリアの凝集塊は他と区別をして、くるりと一つにくくることができず、それがいくつあるのか生物種のように教え上げることができない。すなわち、クオリアの凝集塊は〝数え上げの原理〟が与えられていないのである。

ここで、クオリアの凝集塊と生物種と対比することによって確認ができた重要な点は、自分のクオリアの凝集塊には数多性がないということである。別言すれば、自分のクオリアの凝集塊は全一性をもち、始めから一つ二つと数え上げられる対象ではない。[39]

クオリアとしての同一性

前節6・2では、人の同一性がいかにして保持されうるのかを、還元主義と非還元主義の対立軸の中に確認してきたが、ここまで見てきたようにどちらにも困難がつきまとい、それらはすぐには解決できそうにないように思われた。しかし、人間をクオリアの凝集塊としてとらえ、人の同一性の問題をクオリアの凝集塊の同一性の問題としたときにはどうであろうか。そのときには、次から述べるように還元主義の困難と非還元主義の困難の両方のいくつかについて、切り抜けることができる可能性が出てくるように思われる。

まず、還元主義については、先に述べたようにクオリアの凝集塊が部分をもたない単体であることが、還元主義のもつ困難を解決するように思われる。すなわち、クオリアの凝集塊は個々の断片に分解されることはなく、断片同士の〝因果関係〟がもはや問題にならないとすれば、人の同一性の根拠を因果関係としたときに発生する、以前に述べたような根拠の循環の問題は起こらないことになる。また、クオリアの凝集塊が有限な部分の集まりではなく、真部分をもたない単体であればアンガーの連鎖式がそもそも適用されないことになり、そこにパラドックスは発生しない。

それでは、非還元主義に対して提出された問題点についてはどうであろうか。まず始めに、われわれの原初的体験には「私」が含まれていないのではという疑念については、クオリアの凝集塊は時間的な幅をもつ体験であることから、その中には「私の体験である」という反省的意識がクオリアであるような時間帯もあるはずである。したがって、クオリアの凝集塊は自身の内部に「私」をすでに含んでいるという主張ができるかもしれない。また、人体離断の思考実験においても、次のように数量性に関わる規範の問題は生じないように思われる。なぜなら、この思考実験において離断後にクオリアの凝集塊が二つになるとするのは、あくまでクオリアを外部的視点からとらえ、横に並んだレフティとライティのそれぞれにクオリアの凝集塊を割り振ろうとしたときである。しかし、繰り返すが、クオリアは内部的視点からのみとらえられるべきものである。したがって、レフティのクオリアはレフティにとってのみ存在し、レフティの内部的視点からのクオリアの凝集塊は離断前も含めて全にして一つである。また、ライティのクオリアはライティにとってのみ存在し、ライティの内部的視点からのクオリアの凝集塊は離断前も含めて全にして一つである。このときには、同時に二つのクオリアが並ぶことはなく、よって、一つのクオリアが二つのクオリアになるといった、クオリアに関する数多性の矛盾も発生しないことになる。

以上のように、人の同一性をクオリアの凝集塊の同一性としてとらえたときには、先述した還元主義に付随する困難も非還元主義に付随する困難も生じないように思われる。元々、還元主義と非還元主義は、互いに相手の論拠に矛盾が生じることをもって、自身の正当性を主張してきた経緯がある。しかし、人の同一性をクオリアの同一性としたときには、そうした相手への論駁が成立せず、もはや人の同一性の問題を還元主義と非還元主義の対立軸の中に見ることの意義は消失してしまうように思われる。別の見方をすれば、人をクオリアの凝集塊そのものとしてとらえたとたん、人の同一性はすでに解決済みであり、したがって、人の同一性の終了としての死については、クオリアが消失する時間的末端として理解できそうなのである。このことは、死によって意識がなくなるというわれわれの素朴な死に対する理解ともよく符合するもののように思われる。

クオリアが終わるとき

それでは、臨死期においてクオリアはどのように終わってゆくのだろうか。たしかに、クオリアが随伴する脳は種々の機能のモザイクであり、臨死期には次々にそれらの機能が脱落してゆく。しかし、体験されるクオリアは、必ずしもクオリアの内容が部分的に脱落するのではなく、全体としての体験がより未分化なものに解体してゆくものと思われる。それというのも、脳の損傷時の臨床事例において、たとえば色彩に関する神経細胞の障害では、一定の色の感覚の脱落から始まることはなく、色彩の飽和度が減弱して色のスペクトラム全体の単純化が起こり、障害の進行と共に色の種類が少なくなり、最後に灰白色のみとなる。これと同様のことが、臨死期には脳全体の神経系にかかわる体験で起こると考えられ、クオリアの内容は構造的により単純なものに解体されると思われる。この解体は、一つのカテゴリーの内部でも生じるが、同時に、先述のようにクオリアは複数のカテゴリーをまたぐ体験であり、そのような体験が死の進行に伴ってより少数のカテゴリーを含むものに解体してゆくものと思われる。

このような質的な変化に加えて、クオリアは強さのグラデーションをもつと考えられることから、臨死期のクオリアは徐々に強さが減弱して淡いものへと変わってゆくのであろう。このときには、たとえ以前までは体験が自分のクオリアであるとする自覚が付随していたとしても、そのような自覚も減衰してゆくものと考えられる。そして、最終的にクオリアの内容は跡形もなく消えるのであろう。このようなことがクオリアの凝集塊で生起している時期は、前章で述べたような死の進行に伴って脳が徐々に崩壊してゆく時期の最終段階にあたるであろう。そして、脳が崩壊して単純な有機物質に分解してゆくどこかの段階で、脳はそれ以上クオリアに対して影響を及ぼすことがなくなっているのだろう。

ここで、クオリアの素性を再度確認すれば、時間の一点で切り取ったクオリアの時間的切片はわれわれの人為的な仮構であり、クオリアは内部から体験される時間の幅をもった一塊である。そしてその一塊は、今しがた述べたように死において内容が急速に未分化なものに解体され、存在の強さについても限りなくゼロに接近しながら収束する。そして、その末端を現実世界に一瞬だけさらすことになる。自分の死が、この末端の単なる消失なのか、それとも、末端が位置する場所が何らかの特別な存在となるのかの議論が、本書の最終となる第Ⅲ部でなされることになる。

コラム

神経細胞の興奮と細胞死

1 活動電位の発生

人間の身体で精神が宿る場所はどこかと問われれば、おそらく現代の日本人のほとんどが、頭蓋骨の中にある脳がその場所であると回答すると思われます。脳の中には神経細胞とグリア細胞の二種類の細胞がありますが、主役をなすのは神経細胞であり、この細胞は電気的興奮という他の細胞にはない特性をもちます。脳内には約百四十億個の神経細胞がありますが、それらが複雑な情報伝達のネットワークを形成し、それらの活動が総括されたものがいわゆる精神や心と呼ばれるものの内容面を作ることになります。しかし、どのような精神活動でも、基本となるのは一個の神経細胞の電気的興奮です。それは、次のようにして作られます。

通常、神経細胞は動脈血より得られた酸素によってエネルギー源となるATPを蓄えています。このATPのエネルギーによって、興奮していないときの神経細胞は細胞内がマイナスに分極しており、この細胞内における－70mV程度の帯電が非興奮時の膜電位とな

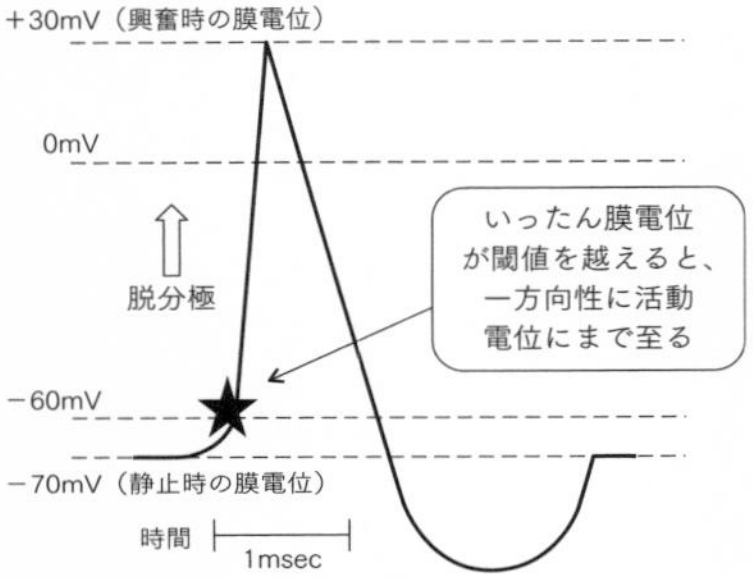

図1　神経細胞の活動電位

ります。しかし、神経細胞が興奮するときには、まず始めに膜電位は−60mV程度に変化をします。すると、神経細胞の表面にあるイオンチャンネルと呼ばれるイオンの通り道が開いて、陽イオンであるNa^+が細胞外から細胞内に流入します。これによって、膜電位は脱分極の方向にさらに進みますが、そのためにますますNa^+の細胞内への流入は増加します。後は、膜電位の脱分極とNa^+の細胞内への流入はお互いを助長しあって、［図1］に示すように膜電位が急激に+30mV程度までに達するオーバーシュートを形成します。このような膜電位の変化は活動電位と呼ばれ、今述べた自己再生的な仕組みによって中間的な電位をとることはなく、常に全か無（all or none）の活動様式をとります。つまり、神経細胞は完全に興奮（発火）するか全く興奮しないかのどちらかなのです。

神経細胞は、細胞体から飛びだす形状をもつ軸索をもちますが、細胞体と軸索の境界付近で発生した活動電位は長い軸索を伝導してゆきます。この軸索での伝導の過程でも、活動電位は全か無の活動様式をとり、ついには軸索の末端にある少し膨らんだ形をしたシナプスにまで到達します。活動電位がシナプスまで到達すると、シナプス表面のCa^{2+}を通すイオンチャンネルが開きCa^{2+}がシナプス内に流入します。すると、Ca^{2+}はシナプス小胞に働き、シナプス小胞から神経伝達物質が放出され、それを受け取った次の神経細胞に活動電位が発生します。このようにして、活動電位としての興奮は、シナプスの部分で次々に他の神経細胞に伝えられます。その結果、脳にある複雑な神経系のネットワークに興奮が走り、ついには人間における高次の精神活動が生み出されます。

2　興奮のデジタル−アナログ変換

ところで、今しがた示したように、個々の神経細胞の興奮は全か無であり、コンピュータのように二進法のデジタル信号です。一方で、われわれの日常生活に現れる心理的現象は常にアナログの形をとります。たとえば、ダイエット中にケーキを食べるかどうか躊躇しているとき、いったん食べようという決心と食べるまいという決心が入り混じった曖昧な時期があり、ついには誘惑に負けてケーキを半分だけ食べてしまうことがあると思います。このように、元々はデジタルな興奮がアナログな心理的現象として出力するためには、何らかの形でデジタル−アナログ変換（D-A変換）が行われる必要があります。そのもっとも単純で基本的な仕組みを、次のような神経細胞同士の間にある活動電位の伝達様式に見ることができます。

［図2］の上段は、一つの神経細胞にいくつかの神経細胞から興奮が伝達される様子を示

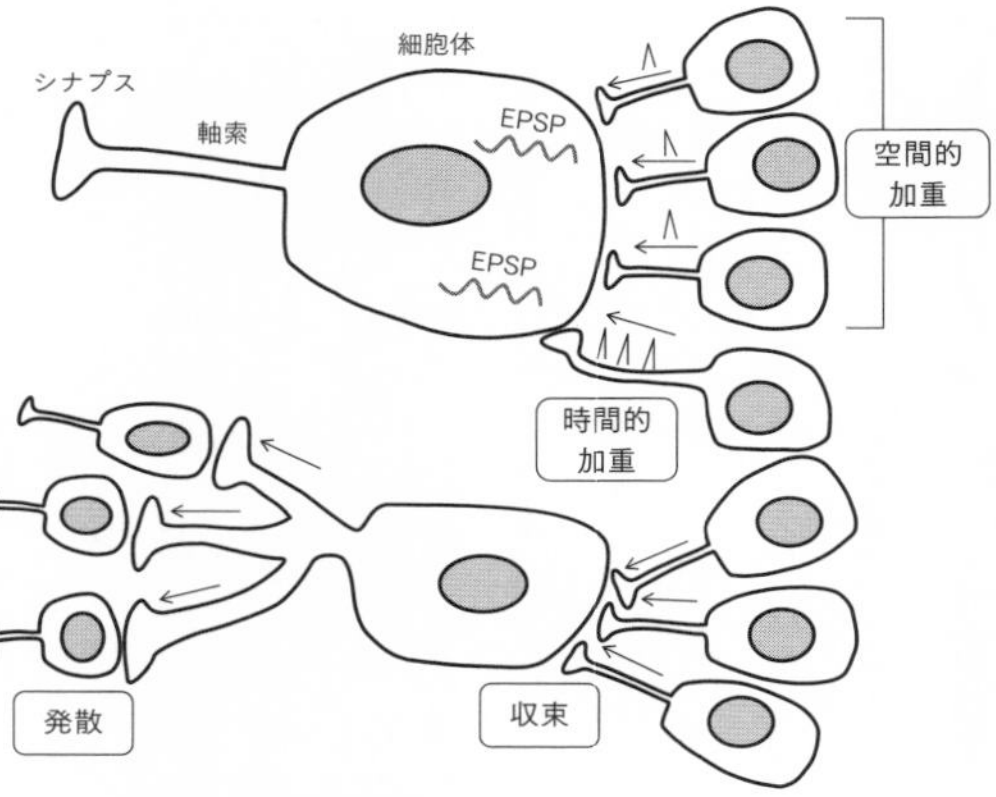

図2　情報伝達におけるD-A変換の模式図

していますが、それには空間的加重と時間的加重があります。空間的加重は、ほぼ同時に神経細胞の異なる部位に興奮が伝達することを意味し、時間的加重は、同じ神経細胞からの興奮が短い時間に立て続けに伝達されることを意味します。興奮が伝達すると、受け手の細胞には興奮性シナプス後電位（ＥＰＳＰ）が発生しますが、必ずしも一つのＥＰＳＰでその細胞が発火するとは限りません。実際には、細胞内におけるＥＰＳＰの空間的加重と時間的加重の総和として、時々刻々とその神経細胞が発火するか発火しないかが決まります。また、［図2］の下段には、発散や収束と呼ばれる神経細胞の連結構造が、興奮の増強や減弱に関わっていることを示します。発散では、一個の神経細胞の興奮が、その神経細胞の軸索が分布する複数の神経細胞の興奮に関わることで、興奮する細胞数が増えることになります。一方、収束では、複数の神経細胞の軸索が一つの神経細胞に終末部をもつことで、興奮する細胞が減ることになります。

以上のような興奮伝達のメカニズムがあることによって、元来は活動電位というデジタル信号がアナログ的な性質を付与され、われわれの心理的現象は形作られてゆくことになります。ただし、ここで示したD-A変換は、脳全体で行われている様々な変換のもっとも基礎となるものに過ぎません。われわれの精神活動を作り出す神経細胞同士の情報伝達は、きわめて複雑なネットワークを形成しています。実のところ、そのネットワークの全体像を現在の脳科学が掌握しているわけではなく、その一部分についての生理学、解剖学、分子生物学などの知見があるだけです。このように、脳科学は発展途上にあることから、様々な異なる意見が提唱されて意見の一致はまだ先にあります。しかし、それでも脳科学が共通してもつ見解があり、それは、脳科学の進歩によって将来のいつか、われわれの精神に関する事柄は全て脳科学の言葉で記述できるようになるという見解です。

もっとも、完全な記述ができたとしても、それが精神や心とわれわれが呼んでいるものにそのまま該当すると考えるのか、それとも、さらに脳科学では決して記述することができないクオリアという生《なま》の主観的体験が新たに付随するのかは意見が分かれるところです。この問題は、すでに哲学の領域に足を踏み入れていることになりますが、本書の本文での議論は間違いなく後者の意見に沿っており、自分だけが体験するクオリアについて述べております。

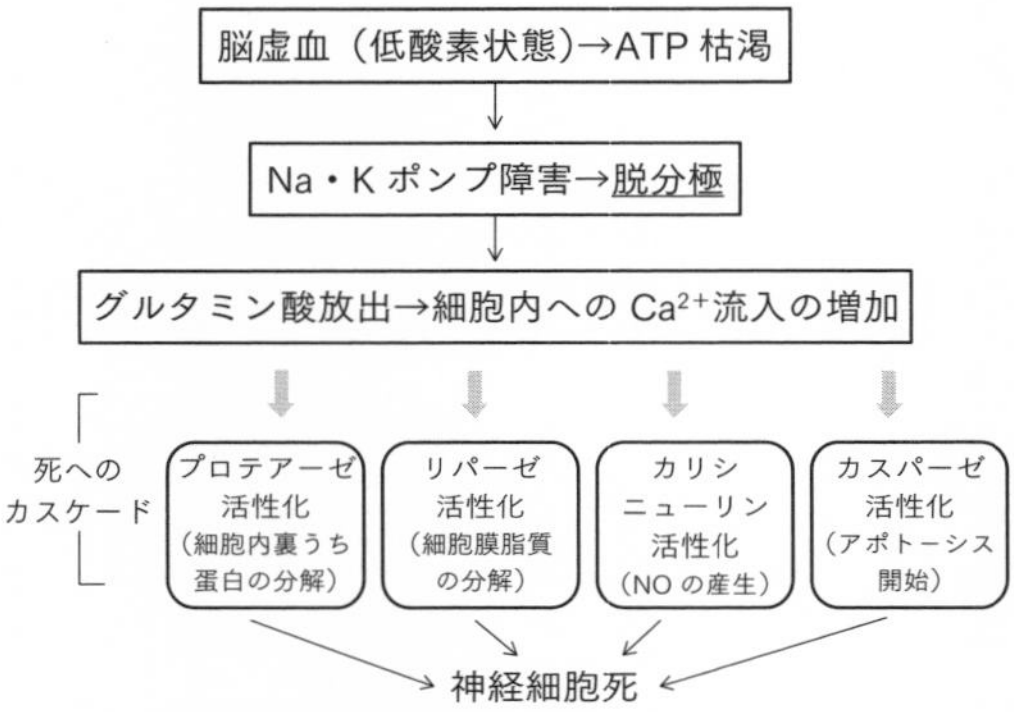

図 3　低酸素での神経細胞死

3　神経細胞の死と最期の輝き

本文にも記したように、臓器移植のドナーとなるような特別な場合を除き、人間の死は心臓と呼吸の停止が重要な要件となります。とくに心臓の停止は、もはや脳内に酸素を含んだ動脈血が流入しなくなったことを意味します。この脳虚血による低酸素状態によって、脳内の神経細胞の一つ一つが細胞死へと進みます。ここでは、脳虚血による低酸素状態における知見から、神経細胞が細胞死へと至るプロセスを見てゆきたいと思います。このプロセスは、［図3］に示すように少し複雑ですが、次のように進行してゆきます。

神経細胞は、先にも述べたように酸素の供給によって蓄えられたATPをエネルギー源として、イオンチャンネルのNa・Kポンプによって細胞内がマイナスとなる膜電位を維持して興奮に備えています。しかし、酸素の供給が絶たれると、神経細胞はいったん興奮を停止することでATPを節約して延命を計ろうとします。その後、いよいよATPが枯渇し始めると、Na・Kポンプは正常に作動しなくなり、Na^+イオンが細胞内に流入して神経細胞は脱分極をします。ひとたびこの脱分極が発生すると、後は一方向性に細胞死へと向かいます。すなわち、神経細胞のシナプス末端からグルタミン酸が放出され、細胞は大量のグルタミン酸に覆われた状態になります。このグルタミン酸の刺激によって、細胞内には Ca^{2+} が流入しますが、細胞内に多量に Ca^{2+} が貯留した状態では、細胞が物理化学的に破壊される複数の機序が形成されます。この機序が並んだ状態は、小さな滝が幾筋も流れる様子にたとえて「死へのカスケード」と呼ばれることがあります。このカスケードの代表的な一つであるプロテアーゼの活性化は、細胞膜を裏打ちするタンパクを分解します。また、もう一つの代表的なリパーゼの活性化は、細胞膜の脂質を分解します。これらによって、細胞膜は壊れて細胞は破裂した状態となり、ついには最終的な細胞死へと至ります。死へのカスケードは、現在において全て解明されているわけではありませんが、いずれにしろ複数のカスケードによって神経細胞は細胞死に向かうと考えられています。

ところで、ここまで述べてきた神経細胞の死へのプロセスは、主に実験動物や培養器内の細胞を対象にして得られた知見です。生体としての人間を対象とした実験・研究は、様々な理由で制約がつきまとうため、これまでは動物や培養器内からの知見をそのまま生体としての人間に当てはめることしかできませんでした。しかし、二〇一八年にドイツのドライアらの研究グループは、ヒトの臨死期における頭蓋骨の中の脳表面の電気的な活動を報告し、ヒトにおける初めての知見として世界中がこの報告を注目することとなりました。彼らは、ベルリンと米国シンシナティの病院に入院中の九名の再起不能な患者について、家族の了解のもとに生命維持装置を外し、頭蓋内の脳に直接電極を装着して電気現象を記録しました。すると、徐々に心臓の収縮が弱まるにつれて、酸欠状態にある脳の神経細胞はいったん活動を休止します。しかし、心拍動が完全に停止した後のある時点から、[図4]に示した「拡延性脱分極」と呼ばれる電気的活動が発生し、この電気活動は毎分数ミリ程度の速さで周囲の神経細胞に広がってゆきます。拡延性脱分極が及んだ神経細胞は、たとえその後に脳への血流が再開したとしても二度ともとには戻れなくなります。つまり、死へのカスケードが一方向性に進み、細胞死に至ることになります。この脱分極は、あたかも恒星が死滅するときに、超新星爆発によって最後の輝きを放つのに似ております。まさしく、人間の脳の最期の輝きです。

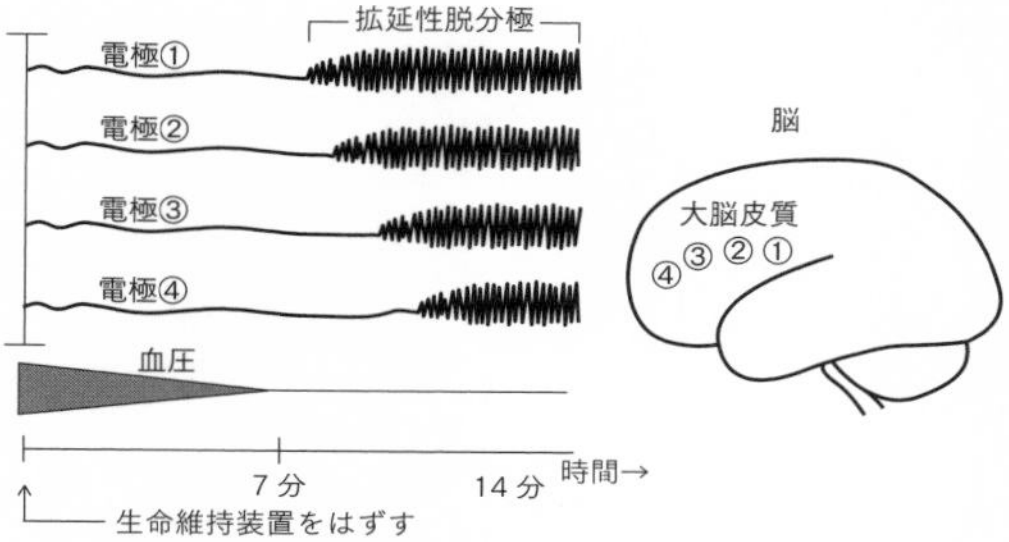

図4　ヒトにおける拡延性脱分極
（ドライアらの論文をもとに作図）

第III部

死は完全な無ではない

現代哲学からの分析

Prologue

プロローグ

おそらく、人類の始まりから今日にいたるまで、死ほど人々を逡巡させてきたものはないだろう。実際に、中世のメメント・モリの警句や現代の死の準備教育に代表されるように、日頃から死と向き合い、もっと死を知っておくべきとする主張が声高に叫ばれる一方で、これとは真逆の意見として、人間は自分の死を決して真正面から直視することができないと述べる人々がいた。後者を代表する人々にパスカルが、ラ・ロシュフコーが、そして、ジャンケレヴィッチがいる。

パスカルは「死へと向かう人生において死の絶壁は、それ自身を見えなくする遮蔽物を常に必要とする」と述べ、また、ラ・ロシュフコーは「死は太陽と同じ様に決して正面からじっと見つめることはできない」と述べ、さらに、ジャンケレヴィッチは「死への言及はいつも寓意、宇言、周廻といった婉曲法にならざるをえない」と述べた。これらはいずれも、人間が死を直視することの困難さを述べたものであるが、その理由は死の核心にあるただ一つの単純な出来事である。その単純な出来事とは、死によって代替不可能な自分の唯一性がこの世界から完全に消失し、その消失が無限に続くということである。

もちろん、死はこのようなことからだけでできているわけではない。死は自分の生活から多くのものを奪うだろうし、それによって影響を蒙る人生の問題は多肢にわたるであろう。たとえば、死によってもたらされる家族や友人などの大切な人々との別れや、これまで生活の中で価値あるものとしてきた有形無形の対象の喪失や、死に向かいつつある自分の境遇を周囲が十分に理解してくれないという孤独などがあるであろう。このような死によってもたらされる人生の問題に関する苦悩は、近年、医療現場などでスピリチュアルペインの名で呼ばれることがあるが、このような患者の実生活に関連するスピリチュアルペインに対しては、スピリチュアルケアとして試みられている周囲からのアプローチによって、臨死期にある本人の苦悩を多少とも軽減できる場合がある。たとえば、本人がすでに喪失したとする人生の価値あるものの中にまだ残されている部分があることを本人に自覚させたり、奪い去られたと信じているものの代わりになるものを用意したり、本人の現在における孤独な境遇に対して周囲にいる人々が共感の態度を示すことで本人の孤独感を軽減することができるかもしれない。

しかし、これらのスピリチュアルペインとされている死に関わる人生の問題群は、死の核心のほんの周辺部をなす事柄に過ぎないと考えられる。なぜなら、あくまで死の核心にあるのは代替不可能な自分の唯一性が消失することであり、われわれはこれを自分一人で引き受けなければならないからである。この自分の唯一性の消失は、経験的世界を越えた超越的世界の問題であり、スピリチュアルケアといった経験的世界における先のようなアプローチが及ぶことはおそらくなく、また、さしあたっては人類の一般的な知恵とも無関係であろう。そして、死に対して目を覆うことを始めから決めているのでもない限り、われわれ誰もがこの超越的な次元にある死の問題と、いつかは対峙する必要があることをうっすらと気付いているはずである。

ただし、われわれの多くは、このような対峙の必要は執行猶予付きであると決め込み、その猶予をどこまでも先延ばしにできるという幻想を、幻想であることを知りつつ抱いていると思われる。だが、咎められるべきは、個々人ではないかもしれない。なぜなら、経験世界の原理が及ばない超越的な領域の問題を扱うのが哲学の仕事であるとすれば、人類の哲学の歴史を振り返る限り哲学が死と真剣に対峙をしてきたかというと、死そのものを主題とした議論が十分になされてきたかは疑わしい。意外なことであるが、死の哲学と呼ばれてきたものの多くは、死が反照的に映し出した生の意味を解明することに主眼が置かれ、死そのものにはあまり関心をよせてこなかったように思われるのである。

しかし、二十世紀の後半に至り、ようやく死そのものに光をあてようとする死の形而上学を標榜する哲学が、主に英語圏の分析哲学の中にしばしば登場するようになった。ネーゲル（一九七九）[1]、シルバースタイン（一九八〇）[2]、ユアグロー（一九八七）[3]による論考が代表的なものであり、これらに共通するものは、死を率直に人間にとっての害悪として認めている点である。その上で、そのような害悪を蒙る主体は何であるか、あるいは、害悪が生じる時点はいつであるかといった問題を議論している。このような議論に呼応するように、わが国でも二十一世紀に入ってようやく主に若い世代の哲学者によって、死の形而上学にあたる論考が次々に提出されるようになった。

鈴木（二〇一二）[4]、杉本（二〇一二）[5]、吉沢（二〇一一：二〇一二）[6][7]などによる論考がそれであり、これらも死そのものに照準を合わせた上で、死の害悪に関わる問題群について、存在、個体、時間といった形而上学の座標の上で解明しようと試みている。

このような中で、本書の第Ⅲ部も、存在、個体、時間といった形而上学のテーマに隣接する死の問題を考察の対象としようとするものである。ただし、本書でははじめから死を害悪と規定することはしない。その理由は、これまでの死の形而上学において死の害悪の主要な根拠としてきた「人は死ぬと全く存在しなくなる」という〝終焉テーゼ〟を、本書においてはただちに認めるわけではないからである。むしろ、この第Ⅲ部では、死によって自分のあらゆるものが根こそぎ奪われるのかどうかという問題自体を、主要な検討のテーマとするつもりである。[8]

ここで、本書の最も中心的な結論を得ようとするこの第Ⅲ部の到達点を、あらかじめ示しておきたい。それは、人間が死後において完全な無に帰すことを否定するものである。つまり、現在の自分に関連する何らかのものが、死後も残存すると考えるものである。しかし、だからといって、本書は現代科学に反する何らかの新たな主張を、死に関してしようとするものではない。すなわち、本書においても、死によって、人間の身体は脳も含めて全て解体することを肯定し、したがって、自分が生きていた時代に経験した様々な出来事の記憶は消失し、また、自分に固有な人格を形成していた感情、知識、意志に関わる特性も消失し、当然ながら、身体がもたらす外界との間にある情報の出入も消失すると考えるものである。しかしながら、その上でなお、自分が生あるときに保持していた自身の核心的な部分は、死後も消失せずに存在し続けると主張するものである。そして、この核心的な部分とは何であるかを明確にすることが、この第Ⅲ部の主要な目的となる。

第７章

自分という特異点

ハードプロブレム

現代の脳科学の急速な進歩によって、人間の記憶、情動、意欲といった様々な心理的機能は、全て脳内のメカニズムが作ると考えられるようになり、心理的機能の解明は脳科学という自然科学の手にゆだねられようとしている。近い将来には、動物の脳の中でもっとも複雑とされる人間の脳についても、探求のメスは細部にまで及び、どのような心理的機能も神経科学の用語によって説明できるようになることが期待できるまでになった。

しかし、このような脳科学の進歩によっても、最後まで解明が困難である問題があることを、すでに多くの人々が気付いているように思われる。それは、脳という物質的な存在に、なぜクオリアという人間がもつ主観的な体験が伴うのかという問題である。この問題は、英語圏を中心に展開されている「心の哲学」においては、ハードプロブレムの名で呼ばれ、先の心理機能の詳細といった自然科学によって少しずつ解明が進むことが予想されるイージープロブレムと区別される、哲学に課された問題領域である。[9][10] さらに、近年の心の哲学では、ハードプロブレムよりもさらに手強いとされてハーダープロブレムの名で呼ばれる問題が提起されるようになった。それは、大勢の人間が存在する中でこの自分はなぜよりによってある一人の人間のクオリアを体験するのかという問題である。これを逆から言えば、ある一定の人間のクオリアがよりによってなぜこの自分のクオリアなのかという問題である。そして、このハーダープロブレムは、二十世紀後半から二十一世紀にかけての心の哲学にとって、早急に解き明かすべき最優先課題とされるようになった。[11][12]

このハーダープロブレムが提起されるようになったのとほぼ平行する時期に、本邦では分析哲学に隣接する思索の中から、哲学者の永井均によって〝〈私〉の独在性[13]〟としてなされた問題提起が、多くの人々の注目を集めるようになった。永井によれば、ある一定の人間がこの自分の〈私〉であったことは、その人間がもついかなる性質とも無関係であり、これ自体は驚くべき偶然であるとされる。そのような偶然がまさしくこの自分の〈私〉において実現していることが〈私〉の独在性にあたるが、このような主張は多くの点で先のハーダープロブレムと類似点をもつ。[14]

永井らによる「無内包の現実性」

永井によってなされた問題提起は、本邦ではその後、永井以外の複数の哲学者をも巻き込んで〝私の哲学〟として検討が進められて現在に至るが、[15] 近年はクオリアがもつ特有なある構造への言及が集中してなされるようになった。それは、クオリアにおいては、痛み、痒み、甘さといったクオリアの内容的な契機とは別個に、そのクオリアが自分自身のものであるという契機が独立に存在しうるという点である。つまり、クオリアの内容がいかなるものであっても、その内容とは無関係に、あるクオリアが他でもない自分のクオリアであるということが偶然にも現実のものとなっていることが強調される。永井らは、このようなクオリアにおける契機を「無内包の現実性」[16][17]と呼ぶが、無内包とはそのような契機がクオリアの内容とは徹底的に関連をもたないことを意味している。[18]

さらに、永井は、この「無内包の現実性」が、クオリアの内容と無関係であることのみならず、クオリアの内容を絶えず生成している世界内で生起する全ての事象内容と無関係であることを強調する。永井は「無内包の現実性」について次のように言う。――それが存在しているという事実は世界の内容にいかなる影響も与えない。世界の内容が（物的であれ心的であれ）何らかの因果連関によって成り立っているとすれば、永井均という人間も（彼の心も体も行為も）その連関の内部にある。（中略）しかし、彼が〈私〉であるという事実は、その連関に全く関与しない。〈私〉であるという成分は、世界の進行からいかなる影響も受けず、その進行に全く寄与しない[19]――このように永井によれば、「無内包の現実性」と、世界で生起する事象との間では、前者が後者に影響を与えることも、また、前者が後者から影響を与えられることもなく、一切が互いに無関係のままで成立していることになる。

永井らは、死の問題については特別に議論の対象とはしていないが、ここで述べられている「無内包の現実性」と世界で起こる事象との無関係性は、本書が主張する死後における自分の存続に深く関わってくる。なぜなら、自分の肉体が滅びるという死はあくまで世界の事象の一つであるが、「無内包の現実性」は世界の事象からは独立しており、それ自体は世界の事象に対して何らの影響も与えるものではなく、さらに重要なことは、それ自体は死という出来事を含む世界の事象から何らの影響も受けることがないように思われるからである。このことについては、後の第8章で中心的に論じる予定である。

自分という特異点

ところで、永井は「無内包の現実性」がもつ特性について、それが自分自身だけにしか当てはまらないことを繰り返し主張する。すなわち、自分がある一定の人間であってその人間のクオリアをもつことの驚くべき偶然は、本来は比類ない自分という〈私〉にとってのみ当てはまることであり、そのような特殊な偶然が自分以外のいずれの他者にも当てはまるようにみなされるのは、〈私〉という人称的な次元がもつ宿命的な一般化によるものであり、先の偶然が非本来的なあり方に頽落したものであるとする。[20] そして、このような本来的なあり方をしていたものがそうではないものに頽落する〈私〉の偶然と類似するものとして、永井は〈今〉という偶然がまさしくそれにあたるとする。[21] すなわち、現在が歴史上における一定の時点であることは、歴史の内容とは少しも関係しない驚くべき偶然であると彼は言う。そして、そのような偶然は、まさにこの現在が今であるような比類ない〈今〉だけに成立しており、そのような特殊な偶然が歴史上の時間軸のどの今にも同様に当てはまるようにみなされるのは、今という時間的な次元がもつ宿命的な一般化であり、これも特殊な偶然が頽落した形態に過ぎないと言う。

本書は、永井が指摘する〈私〉や〈今〉の特異なあり方をそのまま引き継ぐつもりであるが、ただし、これら人称の次元と時間の次元の二つに、本書ではさらにもう一つの次元を加えたい。それは、〈ここ〉という空間の次元である。すなわち、自分がいる場所は、人間が立ったり座ったりできるたくさんの場所があるにもかかわらず、実際にはただ一つの場所である。そして、自分がいる〈ここ〉が、地球上の一定の場所であることは、場所がもつ特徴とはさしあたっては無関係な偶然である。さらに、そのような偶然は比類ない〈ここ〉だけに成立するものであるが、そのような偶然が地球上の、もしくは、宇宙空間のどの場所にも当てはまるように見えるのは、〈ここ〉という空間的な次元がもつ宿命的な一般化であり、これも偶然の頽落に過ぎないと考えられる。

ここで確認をすれば、いつでも自分は〈私〉であり、いつでも自分は〈今〉にいて、いつでも自分は〈ここ〉にいる。言い換えると、この自分については、なぜか〈私〉、〈今〉、〈ここ〉の三つの組み合わせがいつでも当てはまり、そのことの根拠をわれわれはさしあたり捜すことができない。このように、自分自身は常に、人称、時間、空間の次元において〈私〉、〈今〉、〈ここ〉の凝集からなる「特異点」を作り、同時に他者は、〈私〉、〈今〉、〈ここ〉の凝集から常に排除される。もし仮に、他者を主語にした〈私〉、〈今〉、〈ここ〉を含む言明が成立するように見えるときも、そのときには、もしも自分がその他者であったらという反実仮想を含み、実際にはこの自分が当の言明の隠れた主語となっている。[22]

もっとも、次のような反論もあるかもしれない。それは、自分は〈私〉として「さっき」は「そこ」にいることもありえたのではないかという反論である。しかし、そのようなときの「さっき」や「そこ」は、時間や場所について平等に並ぶ座標の一地点に相当し、外部的で俯瞰的な視点からの位置指定である。それに対し、自分の内側の視点からは自分は常に〈今〉や〈ここ〉であり、それらは自分にとっての比類ない時間や場所に他ならない。[23] このような意味では、〈今〉や〈ここ〉としての特異点は、隣に並び立つ時点や地点をもたない固有の時間や場所である。そして、このように隣に並び立つものがいないものとしては、この自分の〈私〉も同様である。仮に、自分という同一の対象が〈私〉ばかりではなく、「あなた」や「彼」といった人称名で指示されうるとする意見があるとすれば、それは、外部的で俯瞰的な視点から、自分と他者が平等に並ぶ座標上で自他の相対的な関係から自分をとらえたものに過ぎない。それに対し、この自分における比類ない〈私〉は、自分の内側の視点からのみとらえることができる、横に隣接項をもたない特異点である。[24]

ところで、この自分が〈私〉という人称的な次元、〈今〉という時間的な次元、〈ここ〉という空間的な次元の三つの次元をもつのは、われわれの生きる現実世界がたまたま保持する構造なのかもしれない。もし、現実世界の他に様々な可能世界があるとすれば、より多くの次元やより少ない次元の世界をもつ世界がありえるかもしれない。ここで可能世界について述べるならば、二十世紀後半の分析哲学において個体、存在、世界といった形而上学の領域が議論されるときには、その議論の脇に可能世界の考え方が常に隣接していた。この考え方によれば、われわれがいる現実世界の他に、現実世界と多くを異にする無数の可能世界が存在することになる。ただし、このような可能世界の中においても共有されるものはあり、それはａ＝ａといった論理学的な法則性である。いかに世界の内容が異なる世界があったとしても、論理学的な秩序だけは世界を貫通しているのである。しかし、現実世界の人称、時間、空間といった次元は現実世界がたまたまもつ特性であり、全ての可能世界が共有する論理学的な秩序に入るものではない。したがって、可能世界の考え方に従えば、現実世界の〈私〉、〈今〉、〈ここ〉については、自分に関わる特異点が、この現実世界がもつ人称、時間、空間の三つの次元において仮現したものと言えることになる。

一方、自分の死後となる世界が、現実世界と同型の人称、時間、空間の三つからなる構造をもつかは不明である。したがって、自分の死後の世界がどのような次元をもつかどうかに関わらず、その世界にある次元において、常に比類のない唯一の地点を形成する自分の存在論的な契機を、本書では自分の特異点と呼ぶことにする。

次章からは、まさしく自分の特異点が死後にも残存するか否かについて議論を進めてゆく予定であるが、その前に本章の最後で明確にしておきたいことがある。それは、このような自分の特異点は世界の一定の地点から顔を出すとしても、その具体例としての身体や脳そのものではないということである。実際に、この現実世界で特異点をなす〈私〉、〈今〉、〈ここ〉といった指標示は、そのつど世界の具体的な存在を提供するが、どの具体的な存在とも固定的な関係をもつわけではない。このように、特異点としての契機がこの世界の具体的な存在そのものではないことは、次章からの議論において、死による身体という具体的な存在の消失と特異点としての契機との関連性を考える上で、きわめて重要な点となる。

第８章　死後における特異点の残存

8・1　死によって特異点は消失するか

死と共になくなるもの

前章の最後で、自分は死によって無になるのかという問題を、自分という特異点が死後にも存在するか否かという問題としてとらえるつもりであることを述べた。しかし、本書のこのような方針をいぶかる意見があるかもしれない。それは、死後に自分が無にならないのであるとすれば、かつてしばしば魂などの名で呼ばれた、自分が生きていた時代に経験した数々の記憶や自分の人格の基礎となる情動や意志に関わる特徴などは、死後もそのまま温存されるべきという意見である。ただし、このような意見には、死後だけではなくすでに生前においても、われわれの心理面と脳の活動は、それぞれが独立に存在しうるとする見解が含まれていよう。したがって、このような意見においては、死によってもわれわれの心とされる実質はそのまま温存されるという結論が、議論の開始点で最初から用意されていることになる。

だが、先に述べた通り筆者はこれとは異なる見解をとる。すなわち、死に至る経過が何であれ、われわれの臨終においては、心臓や肺といった重要臓器の機能停止と同調しながら、脳内の神経細胞の活動は全面的に停止する。この時点で、われわれが普段〝心〟の名で呼んでいる心理的な現象は基本的に消失すると考えられる。このような脳と〝心〟の関係についての理解は、奇をてらうようなものではなく、おそらく現代の多くの人々に共有されているものと思われる。だからこそ、別段に先のような魂の自存を考える人々ではなくても、死者を荼毘に付すことをとくに躊躇することはないのである。なぜなら、死が訪れた段階で、死者の身体にはもはや〝心〟は付随していないと多くの人々は考えているのである。

ここで、死者には付随しないとする〝心〟について、第Ⅱ部でも行った議論をもう一度繰り返しておきたい。一般に、われわれによって使用される〝心〟という素朴な言葉は二通りの意味をもつと思われる。一つは、思考、感情、意欲などの精神活動に関わる「能力」であり、もう一つは、死者が生きている間に受け取り続けてきた主観的な「体験」をさすであろう。このうち前者の精神活動に関わる能力については、人間と同等がそれ以上の能力をもつロボットが将来できるかもしれない。しかし、そのロボットの型式がいずれ古くなって新しいものに取り替えようとしたとき、まだ壊れていなくても古いロボットを荼毘ならぬ焼却炉に廃棄することは十分にありえることであろう。これからわかることは、荼毘の例で問題となる〃心〃は、後者の主観的な体験であり、ロボットではこれが始めから備わっていないのである。そして、死者の身体の中にも、これがもはや存在していないとわれわれは考えるのである。この主観的な体験こそ、外部からの観察では決して知りえないクオリアなのであり、当人だけが内部から直接に感じ取れるものである。

さて、クオリアは死によってその全てが消失するのであろうか。今しがた、クオリアは外部からとらえることはできず、内部からのみとらえることができると述べた。しかし、そのようなクオリアの痛みや痒みといった内容については、心理的な現象を規定する脳内の神経活動によって形成されると考えられる。[25] したがって、死によって脳内の全ての神経細胞が活動を完全に停止したとき、少なくともクオリアの内容はもはや形成されることがないであろう。

クオリアの内容と区別されるもの

それでは、死によってクオリアが内容を欠如したとき、生前はある一定の人間のクオリアが偶然にも自分のものであるということによって示されていた自分の特異点としての契機も、それ自体として存在することをやめるのであろうか。今や、本書の主題である死後にわれわれが無となるか否かという問題は、クオリアの内容が全て消失しても、自己の特異点としての契機がそれ自体として存続できるかという問題に集約されることになる。

ここにおいて、自分の特異点としての契機について前章からの議論を今一度確認すれば、自分がよりにもよってある一定の人間であることの理由は、宇宙の始まりから現在まで起こった自然的世界の事象をくまなく調べてもそこには何も見つからない。[26] これは、自分の特異点としての契機と自然的世界の中で生起するあらゆる事象は、始めから個々に独立しており、これら二つが互いに影響しあうことはないことを意味する。

ところで、死という出来事は間違いなく自然的世界の中で生起する事象である。なぜなら、疾病による死にせよ、事故や災害による死にせよ、死に至るまでの過程は全て自然的世界の中で生起している事象であり、また、自分の死によってクオリアの内容を作る脳内の活動が停止するのも自然的世界の事象である。

しかし、今しがた述べたように特異点としての契機は、自然的世界の中で生起するあらゆる事象と終始無関係なままである。だとすれば、自分の特異点という契機は、自分の死という外界の大変な出来事にもかかわらず、それによって何も影響を受けることはないことになる。このことは、自分において特異点を形成するという特殊な契機は、それ自体としては死後もそのまま残存することを示唆するのではないだろうか。

ここで、われわれは、クオリアの内容の消失が特異点の消失を意味するかという問題について、われわれの素朴な日常言語に注目してみたい。今、「誰のものでもない痛みがある」という言明があったとすれば、この言明は端的に誤りとならざるを得ない恒偽命題である。なぜなら、痛みは常に誰かのものであるからである。一方、「痛みのない誰かがいる」という言明は、少なくとも恒偽命題とはならない。なぜなら、痛みがなくても誰かであることはありえるからである。ここで、われわれは重要なことを知ることになる。それは、クオリアの内容の欠如が、誰かとしての特異点を消し去るわけではないということである。つまり、自分の死に伴うクオリアの内容の消失が、クオリアを担う自分の特異点までを消し去るわけではないのである。

別種の事実としての特異点

しかし、このような本書の主張に対しては、次のような反論がただちに提出されるかもしれない。それは、自分の特異点が消失することこそが、まさしく死に相当するであろうという反論である。だが、このような反論は、死の本質をつまびらかにしようとする本書の意図からすれば、ある種のフライングを犯しているものと思われる。なぜなら、このような反論では、始めに死を定義する段階において、死はあらゆるものの完璧な消失であるべきというドグマを採用していよう。このように定義をした上で、死はどのような対象についても存在が否定されるべきものと主張することは、トートロジー以外の何物でもないだろう。今、再度確認をすれば、われわれにとっての死とは、老いや疾病の先にある身体や脳の崩壊であり、それ以上のものを死に対して前もって織り込むことは、ここでの死に関わる分析にとってはルール違反となろう。

しかし、それでも死はあらゆるものの消失であるというドグマは、ときとしてわれわれの観念の中に堅固な信念として存在することも事実であり、それに対する反論も慎重に行うことが必要であろう。そこで、ここまでの本節での主張を再確認するために、いったん人称の次元だけに注目して先の章で述べた永井らの「無内包の現実性」にもう一度戻ってみることにする。この「無内包の現実性」には、地球上にいる多くの人間の中でなぜかこの〈私〉がある一人の人間であるという現実に加えて、永井自身が指摘するようにもう一つの重要な現実が潜んでいる。それは、この〈私〉が存在しないのではなくて、なぜかこの〈私〉がある一人の人間として存在したという現実である。

一見すると、この〈私〉が存在したという現実は、人間としての身体や脳の存在がそれを準備しているように見えるかもしれない。しかし、実のところ、この世界で自分のものとなっている身体や脳が、あるいは、その身体や脳に対応する心理的事象が、いくら完全な形でこの世界に存在したとしても、この〈私〉が現実に存在したことを少しも用意しない。つまり、この〈私〉が存在するという事実は、身体や脳や心が存在するという事実とは異なる、別種の事実なのである。このようなことは、時間の次元におけるこの〈今〉も、空間の次元におけるこの〈ここ〉も同様である。したがって、自分について特異点としての契機が成立しているという事実は、自分の身体や脳や心が存在しているという事実とは別種の事実なのである。このことは、自分について特異点が成立しているという事実が、自分における身体や脳や心の消失としての自己の死という事実とも、別種の事実であることを示しているように思われる。

認識から独立した特異点

さらに、ここで確認しておくべき重要な点は、特異点としての契機はあくまで認識から独立した純粋に存在論に関わる事柄であり、特異点の把握という認識に関わる事実によって特異点の存在自体が下支えされているわけではないということである。たしかに、特異点としての〈私〉、〈今〉、〈ここ〉がもつ偶然的な性格や比類のなさは、外部的視点を離れたわれわれの内部的視点からとらえられる特有のものである。それでは、死によって自己の認識が消失し、自己の内部的視点も消失すれば同時に特異点としての契機も消失するのだろうか。

そうではないだろう。特異点の契機は、われわれの認識がとらえようとなかろうと、偶然で比類のないままに存在しているだろう。渡辺ら(二〇一六[27]、二〇一七[28])はヨーロッパと本邦における疫学調査から、子供から成人までの人生のある時期に、自分が他でもないある一定の人間であることを、ある種の驚きをもって体験する人々がいることを報告している。ただし、このような体験をするのは、ヨーロッパと本邦での調査からは、一般の人々の中では限られた少数の人々に過ぎない。しかし、だからといって、このような体験をしないか、あるいは、体験をしたとしてもそのこと自体を忘れている大多数の人々について、一定の人間のクオリアが偶然にも自分のものであるということが成立していないわけではない。これは、特異点の存立自体については、自身による自覚が前提とはならず、自身による認識とは無関係なものであることを意味するものである。したがって、特異点の存立そのものは、死によって内部的視点が消失したとしても、それによって何らかの影響を受けるものではない。

特異点が世界に例化しないとき

ところで、このような死後において全てのクオリアが消失しても自分は特異点を形成するものとして存続するという主張は、一見するとわれわれの常識から外れた途方もないことのように見えるかもしれない。なぜなら、たとえば痛みという感覚はなくなったとしても、他に何かしら薄らでもクオリアの内容の片鱗があってこそ、初めてそのクオリアを担う自分の特異点も存在しているように見えるかもしれないからである。

しかし、一方でわれわれの常識は、随分前から今回のような主張を認めてきたように思われるのである。次のような例を見ていただきたい。ある一人の人間が、重篤な頭部外傷によって三日間ほど深い昏睡状態に陥り、その後に昏睡状態から目覚めたとする。このとき、昏睡状態の三日間はクオリアの内容は消失していたと考えられるが、この期間においても当人は死亡したわけではなく、クオリアを担う当事者はそのまま連続して存在していたと多くの人々は考えるであろう。あるいは、われわれは毎晩の睡眠の初期に、ノンレム睡眠の第四段階という覚醒水準が最も低下した時期が出現する。この時期には、脳波所見から大脳皮質の活動が完全に消失していることが確認でき、われわれは何らのクオリアの内容も体験しないものと考えられる。しかし、それでもわれわれは、毎晩の睡眠ごとにクオリアを担う当事者がそのつど消失を繰り返すとは考えないはずである。

このような意見に対して、次のような反論があるかもしれない。それは、昏睡状態の例でもノンレム睡眠の第四段階の例でも、その後において再びクオリアの内容の発現があったからこそ、後方視的にその間にクオリアを担う当事者の消失がなかったとみなされるのであり、将来にクオリアの内容の発現が見込めない死の場合とは状況が異なるという反論である。しかし、ある人間がまさに昏睡状態にあって将来にも昏睡状態からの回復が見込めないとき、その時点でのクオリアを担う当事者の有無を問われたとすれば、われわれはどのように答えるだろうか。このような場合に、もはやその他者においてクオリアを担う当事者は消失していると回答するだろうか。そのように回答することをためらう人々は、決して少なくないものと思われる。そして、このような昏睡状態に、たまたま脳を含めた身体の消失が加わったものが、われわれが死と呼ぶものであろう。

このように、われわれはこれまでもクオリアの内容の消失をもって、クオリアの収斂先となるはずの当事者が消失するとはみなしてこなかったようなのである。つまり、われわれの日常的な直観においても、クオリアの内容の有無とクオリアを担う当事者の有無を別扱いにするする思考が、以前からすでにあったように思われるのである。したがって、本書における自分の死に伴うクオリアの内容の消失が自分の特異点の消失を意味しないという主張は、意外なことであるが、われわれの日常の信念のある一部分を引き継ぐものであるように思われる。

もっとも、われわれは前章でも述べたように、自己の特異点に関して次のことを確認しなければならないであろう。それは、死後においても生前と同様に、自分という特異点が〈私〉、〈今〉、〈ここ〉という組み合わせの凝集をそのまま作るとは限らないということである。もしも、〈私〉、〈今〉、〈ここ〉が、われわれがいる現実世界がたまたまもつ人称、時間、空間の各次元において、自己の特異点が現実世界で仮現したものとすれば、死後においてそのうちの何が残るかは不明である。場合によっては、死後の可能世界には、人称、時間、空間といった現実世界の次元とは別の、われわれにとって未知の次元があるかもしれない。ただし、いずれの次元であっても、特異点はその次元においてただ一つの比類のない地点を作ることに変わりはないであろう。[29]

8・2　死後の特異点の存在資格

特異点は裸の個体か

ここにおいて、われわれには検討すべき重要な問題がまだ残されているように思われる。それは、自分における特異点としての契機が、クオリアの内容を欠如したまま死後に残存したとしても、果たしてそれが存在者としての資格をもつか否かという問題である。これまで、〝黄金の山〟といった実在しない対象についてもある種の存在資格を認めるマイノング主義に対しては、多くの人々から疑問がもたれてきた。死後における自己の特異点も、黄金の山に類するものなのだろうか。

しかし、死後における自己の特異点と黄金の山とは、明らかな相違点がある。それは、死後の自己の特異点は、自分が死者となっているような可能世界の特異点であるが、その特異点は自分が今生きている現実世界の特異点と常に同一性で結ばれているという点である。それというのも、死後の可能世界は、あくまで生前の自分の特異点を繋留点として、かつて自分であった人間が死者となっている世界として約定される世界だからである。したがって、死後における自分の特異点は、生前における自分の特異点と世界をまたいだ「貫世界同一性」で連結されていると言うことができる。[30] その連結の過程で、死後の特異点は、生前の特異点から〝唯一性〟〝単独性〟〝個別性〟といった一連の性質群を引き継いでいる。なぜなら、死は人間から自然的世界でその人間に付随するものについては全てを奪うものの、自然的世界の事象と独立した特異点に関わるこのような一連の性質群は無傷のままのはずだからである。ちなみに、唯一性は、それ自体として他と較べることのできない比類なさを意味し、単独性は、他と挙動を同じくせず独立していることを意味し、個別性は、他と融合することがなく区別されていることを意味する。このように、自己の特異点が全くの裸体ではなくいくつかの性質群を付帯することは、その存在資格にとってきわめて有利である。それは、次のことに由来する。

従来、何が本質的な存在者であるかという形而上学の議論については、中世からの実念論と唯名論の対立軸の延長線上に、近年においてはしばしばアームストロング（一九八九）[31]の議論に代表されるように、「束説」と「基体における属性説」の対立軸として議論がなされるようになった。束説では、性質の実在を認めた上で、一つの存在者を種々の性質が一つに束ねられたものとみなす。それに対し、基体における属性説では、存在者ごとに核となる基体があり、その基体に種々の性質が付帯したものが一つの存在者であるとみなす。[32] ただし、これらのいずれの説でも共通することがあり、それは、性質を全く纏わない〝裸の個体〟については存在者として認めないという点である。つまり、少なくとも何らかの性質を一つでももつことが、世界に存在する対象であるための条件とされるのである。今しがた、死後という可能世界における自分の特異点は、死によって付帯する性質のほとんどを失っても、唯一性、単独性、個別性といった性質群はそのまま保持されると述べた。これらの性質群は、死後における自分の特異点が裸の個体であることを免れさせ、死後の特異点が存在者であることを支えているように思われる。

ただし、それでも死後の特異点が存在者としての資格をもつことに対して、次のような疑義がもたれるかもしれない。それというのも、アームストロングなどによれば、存在を支える真の性質は、アポステリオリな性質こそがそれに該当し、アプリオリな性質はそれに該当しないとされる。アプリオリな性質とは、個体に関しては〝自己同一的である〟や〝性質の担い手である〟といった性質であり、これらの性質はそもそも対象が個体であることを定義するものであり、それを個体の性質とすることはトートロジーとなるようなものである。ひょっとすると、このような視点からは、唯一性、単独性、個別性といった性質群も、個体が個体であることを定義するアプリオリな性質とみなされるかもしれない。そのときには、特異点が存在者であるための根拠を、これらの性質群に求めることができないことになる。

しかし、それでも特異点はこれらの性質群の他に、特有なアポステリオリな性質をもつと考えられる。なぜなら、現実世界において、人称、時間、空間のある一定の地点が偶然にも自分としての〈私〉、〈今〉、〈ここ〉であるという特異点の特質は、それ自体が瞭然とアポステリオリな性質に違いないからである。そして、死によって自然的世界において人間に付帯する全ての性質が消失しても、どれかが偶然にも自分の特異点であるというアポステリオリな性質は、そのまま温存されるはずである。なぜなら、そのような性質は、先に述べた唯一性、単独性、個別性といった性質群と同様に、死という自然的世界の出来事とは独立した特異点に関わるものだからである。したがって、死後における自分における特異点は、性質を全く纏わない裸の個体ではなく、アポステリオリな性質を少なくとも一つは付帯する対象であると言うことができよう。このことは、死後においても自分という特異点は、存在者としての資格を有していることを示すものであると考えられる。

生前への存在依存

もっとも、ここでわれわれは次の点に留意する必要があろう。それは、前述のように、死後の特異点に付帯する性質は、あくまで生きた時代の自分という特異点から引き継いだものであるという点である。したがって、生きた時代があったからこそ、死後の特異点は存在できるのであり、生きた時代がなければ死後の特異点は存在しないことになる。このことは、死後における自分の特異点は、決してそれのみで自存するものではなく、あくまで生きた時代の自分の特異点に存在依存していることを示すものである。したがって、もしもここで存在に対して存在資格の階層を持ち込むとして、存在根拠を終始にわたって自身に求めることができる自立した存在をより高位の存在と言うならば、死後における自分の特異点は、それよりも下位に位置する徹頭徹尾において生前の特異点に自身の存在根拠を求める存在であると言えることになる。

ここで付言すれば、このような本書での主張は、いわゆる〝この世に生まれたかもしれない生〟に対して、それらの存在を否定するものである。ここでは詳しく立ち入らないが、近年の生命倫理学における議論の中で、現実世界に実際に存在する生命の数を遙かに超えた、おびただしい数のこの世に生まれることのなかった生について議論がなされることがある。たとえば、本来ならば赤ん坊としてこの世界に生を受けるはずだったものの、実際には何らかの理由で生まれなかった生などについてである。しかし、これらの生とされるものは、現実の世界に存在する生命と特別に貫世界同一性をもつわけではない。なぜなら、それらの生と貫世界同一性をもって連結する対象が現実世界のどこにも存在していないからである。よって、〝この世に生まれたかもしれない生〟は、存在依存をする相手をもつことはなく、その存在資格は否定されることになる。逆に言えば、繰り返しになるが、われわれは現実にこの世界に一度でも生きたからこそ、死後も特異点として存在しうるのである。

8・3　死後はどのような存在者なのか

存在の偶然性

ところで、このように本書で、死後にも自分の特異点が存在すると言うとき、その存在の意味について他に類比できるものがない。つまり、特異点はこの世界のどの存在者とも似ていないのである。したがって、存在の類型が他にあることをもって存在という言葉の使用許可とするべきという意見の人々とは、死後にも自分の特異点が存在するという本書の主張はその限りにおいて意見が一致しないことになる。もちろん、そのような人々についても、特異点を形成するという特殊な契機が、死後にも健在であることに同意していただければ十分であり、特段存在の名称にこだわる必要はないのかもしれない。しかし、それでも死後におけるこの自分の特異点は、存在の名称が与えられうる十分な理由があると思われ、それは自分の死後の特異点がある特有な仕方をもって存在することに基づく。その特有な存在の仕方が、本節における主題となる。

ここでわれわれは、存在者がもつべき性質として何故にアプリオリな性質ではなくアポステリオリな性質が要求されるかという点について、前節での議論を再び検討することにしたい。最初に検討するべきは、アプリオリとアポステリオリという言葉を本章で使用するときに、それらを認識における価値において使用するのか、それとも、存在論としての必然的か偶然的かという区別において使用するのかという問題であろう。今、「aが存在する」という言明の認識における価値について注目すると、この言明が何らかの有意義な情報をもたらすのは、aが存在することもaが存在しないこともありえる中で、現実にはその一方としてのaが存在したときである。このことは、aが存在することのみを論理的に導出しえる条件下では、aが存在することは何の有意義な情報をもたらさないこととなる。それでは、本章においてわれわれは、このような認識における価値をもって、対象が存在者であるための条件としてアポステリオリな性質を要求しているのであろうか。

そうではないであろう。そもそも、認識における検証の前提となる、aが存在することと存在しないことの両方がありえることや、あるいは、aが存在することのみを導出しえることは、元来はaの存在が偶然的であるか必然的であるかという存在論的な特性が先行している。すなわち、「aが存在する」という言明の認識における価値についても、aが偶然的に存在するときには価値をもち、aが必然的に存在するときには価値をもたないことになる。少なくとも、死後の特異点の存在資格を議論する場面に限ると、このように存在論の初源性は明白となろう。したがって、本章においてある対象が存在者であるためにはそれがアポステリオリであるべきと主張するときには、その存在が偶然的であることが必要とされていると理解するべきであろう。[33]

次に、ここで「aが存在することは偶然である」というような言明について、偶然であるという述語が何に帰属して使用されうるかを確認したい。この言明の使用のされ方は、二つある。一つは、『aが存在する』のは偶然である」というように『　』の中身の文が偶然であるというような、de dicto様相としての使用がある。もう一つは、「aが偶然的に存在する」というようにa自体に偶然性を直接帰属させる、de re様相としての使用がある。[34] この二つの様相のうち、とりわけ今回のように自分について死後の存在者としての素性を明らかにしようとするときには、後者のde re様相として自分自身の死後の世界まで含めた存在様式について問題にしている。すなわち、aの元々の存在領域は現実世界にあり、そのaが死後の世界でも偶然的に存在していることを意味している。したがって、先の繰り返しになるが、現実世界に存在していない対象が、死後の世界に偶然的に存在することはありえないことになる。

このように、対象の存在をde re様相のもとに陳述するとき、「aが偶然的に存在する」という言明のaとして問題なく妥当する候補に関し、ひょっとするとわれわれは、現実世界においても適切と不適切の間にいくつかの順番を用意しているかもしれない。たとえば、次のような順番である。①机、イスなどの目の前にある具体的な物質的対象 ②麒麟、人魚などの伝説や架空の対象③丸みをもたない完全なカド、ゆがみがない完全な平面などの理想物④重力定数、真空の透磁率などの物理定数⑤黄金比、ネイピア数などの数学定数⑥広大さ、美しさ、正義などの普遍者⑦丸い三角形、伴侶がいる独身などの矛盾物といった順番であり、一般には後ろに行けば行くほど存在者としては怪しいとされているものではないだろうか。

たしかに、ここに示した順番付けは、異なる問題性や観点での位置づけが混在したものであり、ときには順番を大きく飛び越えた入れ替えもありうるだろう。とくに、①と⑥の間では真の存在者は何かを問う形而上学の歴史の中では、片方の優位性を主張する熾烈な争いが繰り広げられてきた。実際に、⑥に相当する理想的な普遍者こそが真の実在であるという意見がかつては提出され、そのような意見はいくつかの変形を受けながらも綿々と現在まで受け継がれている。たとえば、性質は世界にあまねくゆきわたるものであって、これこそが実質的な存在であるというような主張は、この系譜を受け継ぐものであろう。

ただし、本書において死後の存在を議論するときには、どのようなことを問うてきたかをあらためて確認してみる必要があるだろう。すなわち、ここまで問うてきたものは、具体的な存在としての人間の身体や脳の消失としての死後に、何らかの存在が残存するかという問であった。したがって、もしここで世界にあまねくゆきわたる性質こそが真の存在者であるといった主張をいったん認めてしまうならば、そもそも本書における問いが問いとしての価値を失うおそれがある。それというのも、たとえば本書の著者である新山喜嗣が新山性というような性質に還元されるとすれば、新山性は世界にあまねくゆきわたっていることになる。このときには、新山の死によって新山が現実世界に例化されなくなっても、新山の死後の残存は自明であり、はじめから議論の必要もないのである。

しかし、われわれの多くが死後に対して不安や恐れをいだくのは、世界に存在するものはさしあたって目の前にある机やイスといった具体的な物質的対象であり、その中に自分の身体もあり、その身体がなくなったときに自分はどうなるのかと考えるからであろう。すなわち、死後の運命が深刻で重大な議論の対象となりうるのは、先の「aが存在する」という言明のaの候補として、まずは①の具体的な物質的対象を選んだときであろう。さらに、それらの具体的な物質的対象は、素粒子のような極端に微小な対象ではなく、一方で、銀河系や宇宙といった極端に巨大な対象でもなく、たいていは、輪郭が眼中に入るようないわゆる「中間サイズ」の対象であろう。

ただし、存在者の第一候補である物質的対象が中間サイズであるときには、はからずもその物質的対象の存在にある種の必然性が発生する可能性が出てくる。それというのも、量子力学の対象となる微小な粒子については、次の瞬間における位置は未確定とされるために決定論は適用されないことになるが、それに対して、中間サイズの物質的対象については、宇宙の始まりからその後の百三十八億年前のビッグバンを経て現在に至るまでの事象が必然的に決定しているという意見があるかもしれないのである。これは、あらゆる事象の因果は一寸の狂いもなく決定しているという、因果的決定論を世界にある物質的対象に適用したときの意見である。そのときには、偶然的に目の前にあることをもって存在者の資格をもつとしてきた机やイスといった具体的な物質的対象も、その偶然性は見かけ上のものに過ぎなくなってしまう。

しかし、われわれはここで中間サイズの物質的対象の偶然と必然の様相は、二重性をもつことに留意するべきであろう。それは、宇宙の始まりの瞬間にこの宇宙の初期条件がある状態であり、かつ、この宇宙を支配する物理定数が決定されていれば、現在において眼前に机やイスが存在することはたとえ必然であったとしても、しかし、この宇宙がそのような初期条件であり、また、物理定数がそのような値であったことは、この宇宙がもつ偶然であろう。それというのも、初期条件と物理定数は論理学的な真理ではないことから、様々な初期条件と物理定数をもつ多くの可能世界の中で、初期条件と物理定数がこの宇宙のものとなっている世界が、偶然にもわれわれがいる現実世界だからである。このように、存在者の第一候補になるような中間サイズの物質的対象は、偶然的な宇宙の選択の上に必然的な宇宙の発展が重なったものとしてとらえることができ、偶然と必然の微妙な緊張関係の中にあると言うことができよう。

それでは、われわれの目下の関心である自分という特異点については、この偶然性と必然性の様相はどのような構造をもつのであろうか。少なくとも、この自分に該当する身体や脳が現実世界に存在していることは、机やイスと同じであることは間違いない。つまり、自分の身体や脳は、偶然性の上に必然性が重なったものと見ることができる。しかし、前章から一貫して述べてきたように、ある一定の身体や脳からこの自分が開けていることは、どこにも根拠を求めることができない。つまり、自分の身体や脳が現実にそうであったようなものであったからこそ、その身体や脳が自分であったわけではなく、自分がその身体や脳であったことは究極の偶然である。したがって、自分の身体や脳が偶然の中に必然の要素をもつのに対し、自分という特異点の契機はどこまでも純粋な偶然の中に存在する。

特異点は「もの」でもあり「こと」でもある

ここで、われわれが純粋に偶然的なものを語ろうとするとき、一体どのようなものを語っていることになるのか途方に暮れることがあるかもしれない。そのようなとき、ひょっとしてヒントになるのが、いったん対極にある純粋に必然的なものを考えてみることかもしれない。純粋に必然的なものは、全ての可能世界に妥当するものであり、先に存在者の候補として⑤に挙げた数学定数が代表的なものであろう。すなわち、黄金比が1.6180…であることは、どの可能世界でも共通し、したがって黄金比は純粋に必然的な対象である。ネイピア数の2.7182…も同様のことが言える。先述のように、自分という特異点は他のどの存在者にも似ていないことから、とらえどころのないヌエのような存在にも見えるが、純粋に必然的な数学定数といったものとでできた対極軸のもう一方の極としてとらえてみることもできるかもしれない。さしあたり、全ての可能世界に貫徹して妥当するなめらかさをもった数学定数とは真逆の、いくつかの可能世界に出現するささくれのようにめくり上がった対象としてイメージをしてもよいかもしれない。

ところで、今しがた特異点についてささくれの比喩を用いたが、爪の根元にあるささくれの存在についてわれわれが語るとき、しばしば「指にささくれができた」という言明を発するであろう。しかし、このときの言明では、ささくれというものについて語られているのか、それとも、ささくれができたことについて語られているか判然としない。おそらく、この言明で語られる不快なささくれは、爪の根元にある皮のめくれたものと皮がそこにめくれたことの両方を意味するのではないだろうか。このような両義的な性格をもつ対象については、一方を片方に還元することは困難であり、ものの中にことがあり、ことの中にものがあるといった入れ子式の循環は無限に続くだろう。しかし、おそらくこのような循環は無害であり、なぜなら、要となるのはささくれの不快さが現に存在することであり、不快さにとってものとことの区別は意味をもたないはずである。

このことは、死後に残存すると考えられる特異点についても同様である。つまり、自分という特異点は、〈私〉、〈今〉、〈ここ〉からなるどこかの地点としてのものとしての性格をもつと共に、そういった比類のない地点をどこかに形成することとしての性格を同時にもつ。これまで本章では、死後に残存する特異点について、そこでなされる議論の文脈に合わせて、実体的な対象としてのものとして記述を進めたり、あるいは、事実的な出来事としてのこととして記述を進めてきた。ちなみに、前者のときには「特異点」という名称を用い、後者のときには「特異点としての契機」という名称を用いてきたが、これはあくまで問題とされている主題に合わせて使い分けたに過ぎず両者に本質的な違いはない。したがって、繰り返すことになるが、死によって自身の身体と脳が消失した後にも残存するものは、自分における特異点であり、また、自分における特異点としての契機でもある。

それでは、このようにものとこととを区別することが意味をなさなくなるのは、ささくれや特異点といった特殊な例に限られるのだろうか。ここで、以前に存在者として第一候補に挙げた具体的な物質的対象の中から、水を例に挙げてみたい。水はH_2Oという組成をもつが、それではない。水の材料となる水素原子や酸素原子といった実体的存在が水を意味するかと言うと、そうではない。水素原子は宇宙に最も多く存在する原子であり、酸素原子も宇宙にそれなりに多く存在する原子であるが、どちらも単体では少しも水ではない。太陽系の地球という惑星と、地球に類似した環境をもつ限られた惑星で、H_2Oという結合を作ったことにより、初めて具体的な水としての存在があると思われる。

このように、存在者の範囲を、通常はものと呼ばれている実態様相だけではなく、通常はことと呼ばれている事実様相まで広げることは、死後の特異点が存在しえるとされる可能世界を飛躍的に増やすことになる。なぜなら、死後の可能世界が人称、時間、空間といった次元を全て欠き、われわれにとっては未知の次元において特異点が比類のない地点を形成したとしても、未知の次元であるが故にその位置を直観的に表象することが困難でありながら、比類のない地点を作ることとして存在を承認しえるからである。

しかし、実際のところは、われわれにとって死後の可能世界で欠如する次元として、さしあたり空間的次元を考えれば十分であると思われる。なぜなら、われわれが死について明白に知りえていることは、物質としての身体や脳が単純な分子や原子に分解するという事実までであり、空間的位置の消失以上のものを前もって死に組み込む必要はないと思われるからである。別言すれば、自分の死後には全ての次元において例化がなされていないと考える必要はなく、少なくとも、人称と時間の次元における例化を死が奪うという証拠はどこにもない[35]。

次章からは、死後に残された人称と時間の次元において、自分の特異点はどのような運命をたどるのかについて検討したい。さしあたり、それらは、死後には絶対的な孤独が待っているのかという問題と、死後には絶対的な永遠が待っているのかという問題として主題化される予定である。

第9章

死後の孤独と永遠

9・1　死後の自分は孤独なのか

前章では、自分の特異点は、死後もある種の存在者として存続しうることを述べた。ただし、当然ながら死後においては、この特異点は少なくとも人間としての身体と関係をもつことはない。したがって、生きていた時代のように自然的世界の中の身体として、他の多くの身体の群の中に位置するわけではない。このことは、一見すると死後には完全な孤独が待ち受けていることを意味しているように見える。果たしてそうなのだろうか。それというのも、死後における自分の特異点は、孤独が成立するための条件を決定的に欠いているように思われるのである。

ここで、特異点に関する人称的次元を再度確認すれば、それは何の根拠ももたずに自分がある一人の人間であるという偶然的な定位をさす。そして、こういった偶然的な定位は自分にのみ該当することであり、他者にもそのような偶然的な定位が該当するかに関しては始めから無頓着である。しかし、これについてはすでに永井が繰り返し述べているように、偶然的な定位をこのように語ったとたん、言語もしくは概念のもつ宿命的な特性によって、その偶然的な定位が地球上に存在する全ての人間に該当するような一般化がすぐになされてしまう。本来、特異点の人称的次元は常に自身の内部的・主観的視点からのみとらえられ、かつ、このような一般化を拒否するものであるが、同型性をもった特異点が平等に並び立つという外部的・俯瞰的視点に由来する一般化がすぐその後を追いかけてくる。

ただし、このような追尾があまりに執拗であるために、われわれはときに錯覚を起こすかもしれない。それは、始めに全ての人間に特異点の原理が振り分けられており、その中の特殊例として自分の特異点があるという錯覚である。このような錯覚のもとでは、自分における特異点は多数の中の一つという値をもった数多性をもつことになる。しかし、真相は逆であって、初めにあるのは自分における特異点であり、このときの特異点は、同型性をもって横に並ぶものをもたず、一つという数多性は元々付帯していない。すなわち、一つという数は同型性をもった対象が少なくとも二つ以上存在することが可能的にでもありえることが前提となるが、特異点にとってそのような前提は否定されるべきものである。

このように、特異点の人称的次元が数多性を欠如することについては、先の章で述べたクオリアが全にして一つであって数多性をもたないことに類似している。しかし、この特異点における数多性の欠如は、クオリアにおける数多性の欠如と異なる点がある。それは、先述のようにクオリアに数多性がないのは、それが内部と外部の境界をもたずに種がもつ数え上げの原理を欠くことに起因している。つまり、クオリアについては、それがもつ述語的性質が数多性を欠くことを基礎づけている。一方、特異点の人称的次元については、特異点の本質を規定することが、そのまま数多性の拒否となる。それというのも、自分の特異点は自分に起きた偶然が一般化されることをどこまでも拒否しようとする運動でもあり、非数多性が自体化したものが特異点であるという言い方もできるからである。

結局、ある一定の人間が偶然にも自分のものであるという特異点の契機は、地球上にいる人間の数だけあるわけではなく、一方で、一つという数だけあるわけでもなく、そもそも、特異点の人称的次元には数多性がないのである。このような生前の特異点の性格は、そのまま死後の特異点にも引き継がれることになる。なぜなら、前章ですでに述べたように自然的世界の事象からは独立している特異点に関わることについては、自然的世界の事象の一つとしての死という出来事があったとしても、そのことによって特異点より何らかのものが奪われたり、特異点が何らかの変質を蒙ったりなどの影響を少しも受けることがないからである。したがって、死後における自分の特異点についても、生前における自分の特異点と同様に、一つであったりたくさんだったりといった数え上げは始めからできないことになる。

ところで、一般に孤独と言われるものは、自然的世界の身体やその身体によって基礎づけられた人間的事項において発生するものであろう。つまり、自分とある種の同型性をもった隣人が周囲にいて、それが何らかの理由で周囲にいなくなったとき、孤独というものが成立するものと思われる。生前であれば、地球上に存在する人間の身体の数に対応する分だけ特異点の数があるといった前述の錯覚のもとに、特異点の数え上げがなされてしまうかもしれない。しかし、死によって身体性を失ったときには、決して一般化されることのない自分という特異点が際立つことになり、その分、特異点の数を数えるといった誤りを避けることが、生前の特異点よりも遥かに容易になるであろう。このことからすれば、死という出来事は、自分における特異点がもつ、数多性をもたないという性格を、もっとも純化した形で浮かび上がらせるものかもしれない。

本節の結論を急ぐことにする。もし死後の自分に孤独があるとすれば、自分の特異点は数多性をもつものであって、その上でたった一つであることが必要である。しかし、死後に残存する自分の特異点はそのような数多性をはじめからもたない。このことは、死後の特異点は孤独であるための条件を決定的に欠いていることを意味する。結局、孤独という言葉の一般的な理解に沿う限り、死後の自分は孤独とは言えないことになる。皮肉であるが、自分の死がもたらす身体性の消失は、孤独を招くどころか、逆に、孤独が成立しないことを顕わにするのである。

9・2　死は永遠に続くのか

死後の永遠は実在するか

前章での議論から、自分は死後にも特異点として残存するという帰結を得たが、その残存は永遠に続くのであろうか。一見すると、このような疑問に対しては、特異点は永遠の時間にわたり残存したままであると回答することが自然のように見える。なぜなら、われわれの生は限られた時間において生起するが、死後は無限の時間が横たわっているように思われるからである。果たして、このような回答は正しいのだろうか。

ここでわれわれが死の時間を考察しようとするとき、さしあたって道標としたいのは、英語圏で主に議論がなされる現代時間論である。そこでの時間論は、マクタガートが一九〇八年に発表した論文[36]が端緒を開いたと言っても過言ではない。すなわち、彼が示してみせたA系列とB系列の時間に関する二つの契機のうち、どちらの契機が時間にとってより本質的であるかという議論を中心に、その後の現代時間論は展開してきた[37][38]。そのA系列的な時間とは、過去、現在、未来という時制を基礎とし、「ある出来事が未来から現在へと至り、やがて、現在から過去へ進む」といった時制に関する動的な移行よりなるとされる。一方、B系列的な時間では、異なる時点について「より前である、同時である、より後である」といった順序関係を基礎とし、A系列のような時制は登場しない。

本節では死後における永遠の有無を検討するのが主題であるが、少なくとも永遠に対して強い存在資格を与えるのはB系列的な時間である。なぜなら、B系列では時間軸上に刻まれた日付などの加算符帳だけが時間にとって本質的であり、各符帳のどれもが同等の資格をもって存在する。したがって時間軸上のどの時点をとっても実在することになり、よって、時間軸の全体が永遠を意味するものとして実在することになる。

しかし、ここで自分という特異点に関して言うならば、これまで述べてきたように時間的次元では常に只一つの固有な〈今〉をもつだけである。したがって、今以外の過去や未来については、全てA系列的な時間における今の中に織り込まれることになる。すなわち、過去は今の中に存在する過去の〝痕跡〟であり、未来は今の中に存在する未来の〝予兆〟である。このような時間における今の特権的なあり方を主張する考え方は、しばしば「現在主義[39][40]」の名前で呼ばれるが、自分という特異点としての〈今〉はその現在主義とも正確には一致しない。それというのも、一般的な現在主義では過去や未来のどの時点も平等な資格で今になりえるのに対し、自分という特異点の〈今〉は、決して他の時点に今が敷衍されることはなく、あくまでこの今と直示によってのみ与えられる今だけを指すからである。したがって、どの時点も今になりえる通常の現在主義を弱い現在主義と呼ぶならば、この今だけが該当する特異点としての〈今〉は強い現在主義と呼ぶことができよう。[41]

結局のところ、自分の特異点としての〈今〉は、強い現在主義としての今であり、隣に並び立つような他の今をもたず、唯一の〈今〉である。そして、このような自分の特異点がもつ〈今〉の特別なあり方は、生前も死後も同様であり、先のB系列的な時間がもつ永遠が入り込む余地はない。

たしかに、生前であれば、身体として生きる自分に起きた多くの出来事の日付などが時間軸を連想させ、自分という特異点についてもB系列的な時間の中にいるような見かけを作るかもしれない。これは、自分の身体を、自然科学的な世界の物質的対象の一つとしてとらえたときも、また、日常生活における社会的・文化的な対象の一つとしてとらえたときも同様である。つまり、生前にはこの身体に関わる事実が順序よく並んで生起したからこそ現在の自分に関わる全ての事実が今あるようになって見え、今後も身体として生きる自分に起こることは順序良く並んでいることを予感させる。そして、ついには、あたかも自分についての歴史年表が実在しており、そのどこかの部分を現在の自分が占めているような表象を、自分の身体性は与えるかもしれないのである。[42]

しかし、死は自分から全ての身体性を奪うものである。この死によって、身体性が作る自分に関する見かけ上の歴史年表は、きれいに自分から剥がれ落ちることになる。自分の死は、前節で述べた特異点の不可算性と同様に、自分という特異点がもつ〈今〉の比類ない唯一性を、もっとも純化した形で浮かび上がらせるものと言えよう。このことは、死後に残存する自分という特異点は、永遠を少しも付帯しないことを意味する。なぜなら、永遠が成立するためには、順序よく続く時間軸があらかじめ存在することが前提になるが、死後の純化された特異点の〈今〉は、このような時間軸と関わることがなく、端的な今だけがあるからである。今や、本節での結論を瞭然と発する地点に到達したと思われる。それは、われわれの死後には永遠がないという結論である。このことは、現実世界に生きている自分にとって、死後に決して永遠が待ち構えているわけではないことを意味する。

死後は時を刻むのだろうか

ここまで、自分という特異点には〈今〉だけがあってB系列的な永遠は伴わず、このことについては生前も死後も同じであることを述べてきた。しかし、生前の特異点では、その〈今〉において生起する事象は刻々と変わっている。つまり、唯一の〈今〉のみが端的に存在するとする強い現在主義においても、その唯一の〈今〉における世界の事象は次々と別の事象へと内容が移り変わっていることは疑いない。[43]一方で、死後における自分の特異点は、このような事象の移り変わりとは無縁であるように思われる。なぜなら、身体によってそれまでなされていた世界で生起する事象の変化との連結は、死による身体の消失によって断たれると思われるからである。それでは、死後において事象の移り変わりがなくとも、今という時間はそのまま流れてゆくのだろうか。

ここでわれわれは、時間の動性と変化について、マクタガートの主張に立ち戻ってみることにする。マクタガートは、時間をA系列とB系列と分けた後に、A系列こそが時間にとって基礎的であると主張する。その根拠として、静的な時間軸上の順序関係を意味するB系列では時間にとって本質的な「変化」を扱うことができず、A系列のみがその「変化」を適切にとらえることができることを挙げる。その上で、「宇宙に何一つ変化が無いとしたら、それは時間がない宇宙なのだ」と主張するに至る。

しかし、凍結した宇宙では時間が流れないというマクタガートの考え方に対しては、よく知られた次のような反論がある。[44] そこでは、次のような反実仮想が提案される。今、宇宙はA、B、Cという三つの領域に分かれていたとして、Aは二年ごとに、Bは三年ごとに、Cは五年ごとに、春から次の春までの一年間凍結することになっていたとする。このとき、ある領域が凍結していてもその領域にも時間が経過していたことを、別の領域にいた者が指摘することができる。やがて、三十年に一回は三つの領域が全て凍結するという時期がやってくる。しかし、われわれは、このときにもこれまでの経験則から誰も気付かない間に一年が経過したと類推するに違いない。したがって、宇宙全体が凍結したとしても、時間は流れているとこの思考実験では結論づけられる。

しかし、後年になって、この反実仮想による反論は成功していないという意見が提出される。それは、この反実仮想では「変化」について、宇宙を構成する何らかの存在者の〝性質変化〟によって議論されているが、一方、マクタガートによる「変化」は、ある出来事Mが、いまだ未来だったのが、やがて現在となり、さらには未来になるといったように説明される、あくまでMに関する〝時制変化〟なのであり、両者の間で「変化」の概念が異なっているという意見である。[45]

ここでわれわれは、「変化」の一般的な構造を確認することにしたい。はじめに、対象における性質変化について確認すれば、その変化は、t_1の時点でMで「ある」ものがt_2の時点ではNで「ある」といった、二つの「ある」とされるものの相違ではない。あくまで変化にとっては、MがNに「なる」ことが本質的であり、この「なる」ことが生じるためには、未来から現在、そして、現在から過去といった時制の移り変わりが必要である。[46] このことは、対象内の性質変化は時制変化によって下支えされていることを意味する。一方、時制変化は、ある一定の出来事が「未来である」→「現在である」→「過去である」となってゆくことであるが、これは、一つの出来事が主語になる文の述定的要素が、未来、現在、過去に変わることでもある。これは、時制変化がある出来事の性質変化によって説明されていることを意味する。ここに、対象の性質変化と出来事の時制変化との間に奇妙な循環が存在することが明らかになる。この循環を素直に受け取るならば、どちらか一方に無理に還元せずとも、性質変化と時制変化は相補性をもつものとして、あるいは、変化に関わる別様の語り方としてとらえることができよう。

さらにわれわれは、このような循環を時間と変化の間にも見ることができる。それは、マクタガートに従って、時間には変化を伴いうることが必要であるとしたとき、時間の存在条件として変化を挙げていることになる。一方、先述のように変化は二つの「ある」ものの差違にとどまらずに「なる」という時間の上での動性が伴わなければならず、このことは変化の存在条件として時間を挙げていることになる。このように、時間と変化の間にも奇妙な循環が存在することになるが、このときにもどちらか一方に無理に還元せずとも、時間と変化は相補性をもつものとして、あるいは、時間的動性に関わる別様の語り方としてとらえることができよう。

以上のような二種類の循環に関する理解の上で、今やわれわれは先の凍結宇宙の反実仮想に対して、次のように解釈を進めるべきではないだろうか。まず、確認すべきは、三十年目が到来するまで時間の流れは何によって作られていたかという点であり、それにあたるものは、それぞれの時期において凍結を免れた宇宙であるということである。つまり、時間の流れが存在するときにはその流れを生み出すような何らかの事象の変化を伴った宇宙が存在していなければならないが、三十年目が到来する前までは凍結した宇宙があっても別の凍結を免れたどこかの宇宙における変化によって時間の流れは生み出されていたのである。そして、時間の流れを生み出す何らかの事象の変化を伴う宇宙は、同時にその時間の流れを担う宇宙でもあったはずである。しかし、三十年目には、時間の流れを生み出す宇宙も、時間の流れを担う宇宙も存在しない。このことが示すことは、この思考実験の創案者とは異なる結論であり、三十年目に宇宙全体が凍結してその中のどの対象においても変化が生じないときには、もはや全宇宙で時間は停止したままとなる。

死と共に停止する時間の流れ

今、宇宙を定義するにあたり、次のような条件を揃えたい。①その宇宙の存在者の全てを含む ②その中に真部分集合としての宇宙を含むことはない ③他にも宇宙があったとしても、一つの宇宙の中の存在者が他の宇宙の存在者になることはない ④一つの宇宙の中の存在者が他の宇宙の存在者と因果的な関係をもつことはない。

このような宇宙の定義のもとでは、死後における自分の特異点は、一つの小宇宙と呼べるものであると考えられる。なぜなら、その特異点はそれ自身が全てであり、他の特異点を内部に含まず、外部との間で何らかの存在者の出し入れはなく、外部との間に因果的関係をもつこともない。そして、死後には外部と何らの関係ももつことがないのであれば、その死後の小宇宙においてはどこにも変化はないはずである。すなわち、死後の小宇宙は全体が凍結した宇宙である。よって、死後の小宇宙としての自分の特異点には、時間の進行を生み出す変化はなく、それゆえに、時間はそのまま静止する。別言すれば、自分は死の時点をもってそれ以後は時を刻むことはなく、自身にとっての時間進行は死の時点で消失する。

死後の時間に関するここまでの議論を、もう一度繰り返すことにする。以前の項では、死後における自分の特異点には永遠が伴わないことを述べた。続く項では、変化がない宇宙は時を刻まないことを述べた。そして、本項に至り、死後の特異点は変化を含まない小宇宙であり、時間の生成がないことを述べた。つまり、一人称としての死を考える限り、永遠の死が自分の死後に待ちうけることはなく、そもそも、自分にとっての時間は死後にはそれ以上進行することはない。これらのことは、われわれが自らの死に対してもつ不安や恐怖の一つを否定するものかもしれない。なぜなら、われわれが死に対してもつ不安や恐怖には、自分が完全な無になるという憶測に加え、もう一つ、そのような無が終わりなくどこまでも続いてゆくという憶測があると思われるからである。永遠に続く死という観念に基づく不安や恐怖は、少なくとも自分の死後の現実にとっては不要なものである。

おわりに

先に、自分という特異点について、同型性をもつ特異点が隣に並び立つわけではないと述べた。このことから、本書における特異点に関する記述やそれと関連する自己の死についての記述は、この自分だけにあてはまり、語用論的な事実を考慮すれば、新山という筆者のみに適用されるものとなる。しかし、生物的な存在として、あるいは、社会的な存在として同型性をもつ他者が、特異点について全く同じことを述べても誤りにはならない。

これを、次のように言うこともできよう。たしかに、本書での議論に従えば、筆者自身の特異点についての語りのみがそのつど何らかの意味をなすだけであり、その語りが他者である読者と同時に「共有」されることは最後までないはずである。しかし、読者にとって重要なのは、死に関わる語りの共有ではないはずである。重要なのは、読者自身にとっての死がどのようなものであるかという問題であり、共有されないことも含み込んだ特異点の性格について、筆者と読者が理解を『共有』することはできるのであり、それこそが本書の目的であった。

あとがき

筆者は精神科の医師ですが、長らく総合病院での診療にあたってきました。そこでは、精神科の外来を直接受診される患者さんの診療にもあたりますが、同時に、ガンなどで終末期にある患者さんが入院治療を受ける身体診療科での診療にも、治療スタッフの一人として関わることが少なくありません。多くは、こういった患者さんが夜によく眠れていないとか、抑うつ的でめっきり口をきかなくなったとか、自暴自棄的で周囲のスタッフにも拒絶的であるといった理由で、身体診療科の主治医が精神科医師に応援を求めてきたことで、精神科医師の関与は始まります。こちらからの精神科治療がうまくいったときには、身体診療科の主治医が当初に問題とした症状の方は消失するか、または、だいぶ軽快します。そのような患者さんの中で、次のような患者さんがいらっしゃいました。

その患者さんは、自分が横たわるベッドの脇にあるイスに私が腰掛けることを勧めました。そして、静かにこう語りました。「先生、私は死んだらどうなるのでしょうか?」。その時、私はとっさにこう答えました。「ご自分がいなくなった後のことが気がかりなのですね。残されたご家族のこととか、あるいは、まだ半ばであるお仕事のこととかが気がかりなのですね」。すると、その患者さんは少しがっかりした顔で、「それはそれで気がかりなのですが」とため息混じりに言いました。もはや、患者さんの言わんとしていることは明白でした。患者さんは、ストレートに自分は死後にどうなるかが気がかりだったのです。同時に、患者さんの質問の真意をわかりながら、わざと別の問題へとはぐらかした自分が恥ずかしくなりました。そこで私は、「それについては私もわからないので、二人で考えてゆきましょう」と答え、それからはその患者さんのベッドを訪問するたびに、人間は死後にどうなるのかを二人で話し合いました。しかし、結論めいたものを作ることができずにいたある日、私の訪問の直前にその方は亡くなりました。

実のところ、この患者さんに似たような質問をされる終末期の患者さんは他にも何人かいらっしゃいました。たいていは、少しためらいながら尋ねてきます。でも、これまで患者さんが心から満足のいくような答えを、一度も示してあげることができなかったように思います。たいていは、答えを出せる前に、患者さんの身体的な症状や衰弱が重くなったために、あるいは、全身状態の悪化に伴う意識障害のために、患者さんと二人で答えを出す作業は途中で頓挫してしまいます。

本書は、確かに一人称の死が主題であり、筆者にとって子供の頃から最大の疑問であった、自分が死によってどうなるかという問について、自分自身に対して答えを出そうとしております。しかし、一方では、これまで答を出してあげられなかった患者さんたちへの罪滅ぼしをしたいというのも、出版の動機になっております。もっとも、今回の出版で罪滅ぼしができたとは到底思っておりません。なぜなら、罪滅ぼしをするべき相手となる患者さんのほとんどは、すでにこの世にはいらっしゃいません。結局のところ、すでに亡くなった多くの患者さんたちのおかげで、出版まで漕ぎ着けることができたというのが正確なところでしょう。何と言っても、死後にどうなるのかをまっすぐに問うてきた患者さんこそが、本書が向かうべき道筋を示してくれたと思っております。

——懺悔と感謝

註

第Ｉ部

プロローグ

1　ここでは、自ら死の手段と死の時期を決めた自殺のような例外的なケースは除外している。もっとも、自殺の場合にも、死を決心するに至った原因を遡って求めれば、人生上での不幸な出来事や精神疾患への罹患などといった、偶然的に発生した出来事に行き着くことはありうると思われる。

第１章

2　Kerr JF, Wyllie AH, Currie AR: Apoptosis: A basic biological phenomenon with wide-ranging implications in tissue kinetics. *Br J Cancer*. 26: 239-257, 1972.

3　Hayflick L, Moorhead PS: The serial cultivation of human diploid cell strains. *Exp Cell Res*. 25: 585-621, 1961.

4　Hayflick L: The limited in vitro lifetime of human diploid cell strains. *Exp Cell Res*. 37: 614-36. 1965.

5　Shay JW, Wright WE, Werbin H: Defining the molecular mechanisms human cell immortalization. *Biochim Biophys Acta*, 1072, 1-7, 1991.

6　本書では、このようにたびたび“神”の名前が登場する。ただし、本書の著者は基本的に無神論者である。したがって、本書での“神”という言葉は、世界の厳然たる事実が偶然にそのようになっていると考えられるときに使用する言葉であり、それ以上の神学的な含意は一切ない。

7　Olvnikov AM: A theory of marginotomy: The incomplete copying of template margin in enzymic synthesis of polynucleotides and biological significance of the phenomenon. *J Theor Biol*. 41(1): 181-190, 1973.

8　Blackburn EH, Gall JG: A tandemly repeated sequence at the termini of the extrachromosomal ribosomal RNA genes in Tetrahymena. *J Mol Biol*. 120: 33-53, 1978.

9　たしかに、無限に分裂増殖が可能なガン細胞も、宿主が死亡すれば自らも死滅の転機をとる。しかし、生存のための条件さえ整えれば宿主の死亡後も無限に分裂増殖を続け、その増殖株の例がヒーラ細胞である。このヒーラ細胞は、1951年に亡くなった米国人女性の子宮頸ガンから取り出されたガン細胞であり、現在でも世界中のガンの研究室で分離株が研究に使用されている。

10　テロメアの詳細については、章末のコラムも参照されたい。

11 一般にわれわれは、身体は親から子に引き継がれたものであり、進化の過程に関しても基本的に親から子を結ぶ1本線での連結を思い浮かべるかもしれない。しかし、本文で述べたように、ヒトを含む真核生物の進化においては、いくつかの異なる生物が合体して1個の生物ができあがっていると見ることができる。ちなみに、現在のヒトの細胞内には、マーギュリスなどが指摘するように、小器官であるミトコンドリア、小胞体、ゴルジ体など、元来は別の種類の生物の細胞を構成するものであったものが、ヒトの進化の途中でヒトの細胞内に入り込んでいる。（Margulis L: *Symbiotic Planet: A New Look at Evolution*, Basic Books, New York, 1998. 中村桂子訳『共生生命体の30億年』草思社，東京，2000.）

12 高木由臣：生物の寿命と細胞の寿命 ゾウリムシの視点から．平凡社，東京，1993.

13 例外的に、多細胞生物の体細胞でもクラゲなどの腔腸動物やプラナリアなどの扁形動物では、無限に細胞分裂を繰り返すことができ、生存環境さえ整えば寿命は存在しないと一般に考えられている。ただし、先のゾウリムシにおいては、以前は無限に細胞分裂をして自らのクローンを増やすと考えられていたものが、近年では3000回ほど分裂するとそれ以上は分裂しなくなりゾウリムシは死ぬという報告もある。したがって、腔腸動物や扁形動物の細胞分裂が無限に可能であるということについても、現時点での科学的知見であると言えよう。

14 Brenner S: The genetics of Caenorhabditis elegans. *Genetics*. 77(1): 71-94, 1974.

15 Hillary ME, Horvitz HR: Genetic control of programmed cell death in the nematode C. elegans. *Cell*. 44(6), 817-829, 1986.

16 Yuan J, Shaham S, Ledoux S et al.: The C. elegans cell death gene ced-3 encodes a protein similar to mammalian interleukin-1 beta-converting enzyme. *Cell*. 75(4): 641-52, 1993.

17 なお、ここまでの加齢のメカニズムに関わる議論の中には、重要な主張が含まれていることに留意されたい。それは、いわゆる“老化”の名で呼ばれる身体の変化は、誕生から死までの後半部分で偶然的に出現する自然科学的な現象に過ぎないという主張である。これからすると、老化という呼称の中に、人生の結末や衰退などに結び付く何らかの価値概念を読み取る必要はないということになる。

18 中川一郎：寿命と栄養．栄養学雑誌，37(2): 49-59, 1979.

19 本川達雄：ゾウの時間 ネズミの時間 サイズの生物学．中公新書，東京，1992.

20 よく平均寿命の半分あたりをもって、自らの人生のターニングポイントと呼ぶ人がいる。しかし、主観的な時間の長さについては、時間の流れが遅い子供時代と時間の流れが速くなってからの大人時代では、異なっている

可能性がある。大人になってからの1年間がいかに短くなったか、多くの人が感じているところであろう。ひょっとすると、人生のターニングポイントは思いのほか早い時点にあるのかもしれない。

21 本節では、ヒトの寿命が30歳という短い寿命であるべきことが主張されているわけではない。実際に、現代人は生殖期にあたる年齢を過ぎた長い後生殖期に子孫を残すことは比較的少なく、ヒトという生物種全体の存続に影響を与えることもないはずである。元々、本節全体での議論は、ヒトという生物種全体を対象としたものであり、一方、たとえば高齢出産の是非に関わる議論や、かつての優性思想に関わる議論は個々人を対象としたものである。問題となる対象が異なっていることに注意されたい。

第2章

22 三浦俊彦：ゼロからの論証．青土社，東京，2006.

23 三浦俊彦：論理学入門 推論のセンスとテクニックのために〈NHKブックス〉．日本放送出版協会，東京，2000.

24 このように、「人間原理」は一見すると人間を特別視しながら世界を把握するプトレマイオス的な立場への回帰にも見え、実際にそのような俗説が流布しているのも事実である。しかし、「人間原理」の本来の主張は、観察者が人間という特別な視点をもつことに由来する「観察選択効果」というバイアスを、観察者自身が自覚的に補正しつつ世界を把握しようとするむしろ徹底的にコペルニクス的な立場を推進することにある。

25 International Human Genome Sequencing Consortium: Initial sequencing and analysis of the human genome. *Nature*. 409: 860-921, 2001.

26 International Human Genome Sequencing Consortium: Finishing the euchromatic sequence of the human genome. *Nature*. 431: 931-945, 2004.

27 むろん、重要なのは遺伝子の総数ではなく、遺伝子がどのようなタンパク質を生成するか、さらには、そのタンパク質によってどのような身体組成が作られるのかといった質的な側面であろうという意見があるかもしれない。しかし、より複雑な身体組成が組み立てられてゆく過程で、どのような身体組成がより高等であるかといった判断をするとき、より人間的であることが高等であるとする価値判断が混入する可能性がある。このときには、本来の人間原理の発想が人間の視点というバイアスを自覚することであるということを考慮すれば、むしろ人間原理の発想にわれわれは背いていることになろう。このようなことを避ける目的で、ここでは単純に遺伝子の総数を比較したのである。

28 もっとも、個体の複雑な多様性は、このような染色体の相同に由来する膨大な数の組合せだけでなく、これに加えて、第1減少分裂の初期に発生する染色体の乗り換えによる自然界で発生する遺伝子組み換えや、その後にも、同一のDNAから選択的スプライシングによって異なるタンパク質が

生成することなどによっても生み出される。実際に、元々は同一の受精卵に由来する一卵性双生児も、この選択的スプライシングが関与することなどによって生長と共にわずかずつ差異が目立つようになる。

29 なお、哺乳類の中には、小型の生物では人類よりも多数生息しているものもあり、たとえばドブネズミは、実数は不明ながらヒトよりも個体数は多いと考えられている。

30 ここでは、脳の機能面での特徴を問うことはしない。それは、遺伝子数のときに述べた理由と同様であり、機能面でどのような特徴がよりすぐれているかといった判断をするときに、より多く人間に近い特徴を備えていることがすぐれているといった価値判断が混入すれば、人間における脳の特異性を検討しようとする初期の目的に背くことになるからである。よって、ここでは単純に脳の大きさのみを検討の対象とし、終脳の新皮質の割合が大きいことや前頭葉の前頭前野が発達しているといったヒトがもつ特徴はいったん検討の対象から除外する。

31 Roth G, Dicke U: Evolution of the brain and intelligence. *Trends Cogn Sci*, 9: 250-257, 2005.

32 脳の大きさに関連して、生物の中で特別に大きな終脳をもつヒトだけが、死に対して不安や恐怖をもち、動物で観察される自身の死を回避する行動は、個体の存続のための合目的な本脳行動に過ぎないとよく言われ、このことについては、先にも本文で述べたとおりである。しかし、実際のところは、動物の死に対する態度は全て本能に起因するものだと断定する根拠はない。動物にも、その種に特有な、ヒトがもつ死への不安や恐怖に対応する、何らかの心理的体験が存在する可能性を全て否定することはできない。とくに、人間を遙かに凌駕する脳重量をもつ水生哺乳類では、自身の死を予感したり、自身の死への準備としての複雑な行動があるかもしれないが、われわれ人間の方でそれらを把握しきれていないだけかもしれない。

33 Greider CW, Blackburn EH: Identification of a specific telomere terminal transferase activity in Tetrahymena extracts. *Cell*, 43(2): 405-413, 1985.

34 Morin GB: The human telomere terminal transferase enzyme is a ribonucleoprotein that synthesizes TTAGGG repeats. *Cell*. 59(3): 521-529, 1989.

35 Kakuo S, Asaoka K, Ide T: Human is a Unique Species among Primates in Terms of Telomere Length. *Biochem Biophys Res Commun*, 263(2): 308-314, 1999.

36 もっとも、現在のわれわれはそのような不死を獲得すべき少数の人間を選定する基準をもたない。それ以前に、選定をすること自体の是非についての合意もない。

37 ただし、ここで対象となる生殖細胞は全ての生殖細胞ではなく、結果として受精に関与することになった限られた生殖細胞である。たとえば、夫婦に子が２人いたとすれば、生下時に約200万個あった母親の卵細胞のうち

2個の細胞が、また、生涯に1兆個を越えて生産される父親の精細胞のうちの2個の細胞が、ここで議論の対象となる次の世代への情報伝達の担い手となる生殖細胞に該当する。

38 柳澤桂子：われわれはなぜ死ぬのか 死の生命科学．草思社，東京 1997.

39 Dawkins CR: *The Selfish Gene*. Oxford University Press, Oxford, 1991.（日高敏隆，岸由二，羽田節子，垂水雄二訳『利己的な遺伝子』紀伊国屋書店，東京，1992.）

40 Schröder KP, Smith RC: Distant future of the Sun and Earth revisited. *Monthly Notices of the Royal Astronomical Society*, 386: 155-163, 2008.

41 千葉柾司，二間瀬敏史：宇宙の未来．ニュートン別冊 宇宙論（第2版），ニュートンプレス，東京，2012，pp. 140-157.

42 Greene B: *The Hidden Reality: Parallel Universes and the Deep Laws of the Cosmos*. Random House, New York, 2011.（竹内薫監修，大田直子訳『隠れていた宇宙 上・下』早川書房，東京，2011.）

43 村山斉：宇宙は本当にひとつなのか 最新宇宙論入門〈ブルーバックス〉，講談社，東京，2011.

第II部

第3章

1 現在、脳死をもって死の判定をするときには、5つの条件の一つ一つについても精度の高い判定が要求される。たとえば、呼吸停止に関しては無呼吸テストと呼ばれる人工呼吸器を外して一定時間自発呼吸がないことを確認する作業を経ることが必要であり、また、脳幹反射についても脳幹を構成する中脳、橋、延髄の各部位ごとに反射消失を確認する作業が必要である。

2 一般に脳死と呼ばれるのは、大脳皮質の機能停止と脳幹部の機能停止を合わせた「全脳死」のことである。

3 このように本邦では、臓器移植のドナーとなるような特別な場合を除けば、心臓の拍動が存在している脳死に対して人間の死と認めるに至っていない。これには、本邦に特有の生活習慣、文化、宗教などに由来する死に対するとらえ方が輻輳しながら関わっている。

4 桂秀策：やさしい脳死理論 臓器移植のために．丸善，東京，1998.

5 このような場合の心電図の心拍動は、ときに無脈性電気活動の名で呼ばれることがあるが、実質的には脳を含めた各臓器に血液を供給していない心室の収縮を反映している。また、このような場合の呼吸様運動についても、たいていは1回限りで終了することが多い。それならば、瞳孔散大を最終

的な死の指標にするべきとの意見もあるかもしれないが、脳幹の機能はまだ維持されている状態でも、自律神経系の交感神経が副交感神経に対して優位なときには瞳孔は散大を示してしまう。補助的に対光反射における縮瞳運動の消失を確認することが多いが、たとえ消失を確認しえてもそのときは上位脳幹の中脳にある動眼神経核の機能喪失を評価しているのであり、この時点でもより下位にある呼吸や循環の中枢がある延髄の機能は残存している可能性がある。このように、患者によっては死の時点を定めることが、医師にとってもきわめて難しい作業となる。

6　逆に言えば、これから死に逝くとされる人物が、小説や映画に描かれているように最期の言葉を理論整然と発することができたとすれば、身体の諸臓器の活動は、大脳による意識水準を一定以上に保てるようなレベルであることを意味する。したがって、皮肉ではあるが、このようなときには当該の人物では近い時期における死は迫っていないことになる。

7　芳賀登：葬儀の歴史．雄山閣，東京，1991.

8　波平恵美子：いのちの文化人類学．新潮社，東京，1996.

第4章

9　Chalmers DJ: *The Conscious Mind: In Search of a Fundamental Theory*. Oxford University Press, Oxford, 1996.（林一訳『意識する心 脳と精神の根本理論を求めて』白揚社，東京，2001.）

10　Davidson D: *Essays on Actions and Events*, Clarendon Press, Oxford, 1980.（服部裕幸，柴田正良訳『行為と出来事』勁草書房，東京，1990.）

11　なお、法的なレベルでの胎児における人間に準じる資格獲得は一般的にその時点で母体の外に出たと仮定したときの生存能力を基準にして定められてきた。このため、その生存能力は医療技術の進歩によって変わることから、法的な人間に準じる資格獲得の時期もこれまで何度か変更されてきた。ただし、われわれが留意すべき点は、こういった体外での生存能力と本章が問題とするクオリアの胚胎とは、さしあたっては別々の問題であるという点である。

12　もっとも、パルメニデスのように無から有が生じないとすれば、人間のクオリアは人間の誕生前から存在しており、また、同様に有が無に帰すことがないとすれば、われわれのクオリアは死後も消滅することはない。このときには、クオリアの有無はもはや中枢神経系の存在とは無関係なことになる。しかし、このような考え方を受け入れたときには、世界には現存する生物の数を遥かに超えたおびただしい数のクオリアが存在していることを同時に受け入れなければならなくなるかもしれない。

13　神経細胞の興奮と、神経細胞が細胞死に至るまでの過程は、章末のコラムも参照されたい。

第5章

14 Foulkes D: Dream Reports from Different Stages of Sleep, *The Journal of Abnormal and Social Psychology*, 65: 14-25, 1962.

15 Hobson JA, McCarley RW: The Brain as a Dream State Generator: an Activation - Synthesis Hypothesis of the Dream Process, *American Journal of Psychiatry*, 134: 1335-1348, 1977.

16 Chawla LS, Akst S, Junker C et al.: Surges of Electroencephalogram Activity at the Time of Death: A Case Series, *Journal of Palliative Medicine*, 12: 1095-1100, 2009.

17 Borjigin J, Lee U, Liu T et al.: Surge of Neurophysiological Coherence and Connectivity in the Dying Brain, *Proceedings of the National Academy of Sciences of the United States of America*, 110: 14432-14437, 2013.

18 Grigg MM, Kelly MA, Celesia GG et al.: Electroencephalographic Activity after Brain Death, *Archives of Neurology*, 44: 948-954, 1987.

19 Auyong DB, Klein SM, Gan TJ et al.: Processed Electroencephalogram during Donation after Cardiac Death, *Anesthesia and Analgesia*, 110: 1428-1432, 2010.

20 Dreier JP, major S, Foreman B et al.: Terminal spreading depolarization and electrical silence in death of human cerebral cortex. *Ann Neurol*. 83(2): 295-310, 2018.

21 「拡延性脱分極」についても、章末のコラムを参照されたい。

22 なお、臨死期には、脳内麻薬のエンドルフィンやエンケファリンが脳内に分泌されるために、死に逝く当人は快楽と恍惚の体験に満ちているという意見がある。ただし、これまで死後の脳や脳脊髄液にこれらの物質やその代謝産物が確認されたという証拠は不十分であり、実際に脳内麻薬が分泌されるかどうかは意見が分かれるところである。

23 Parfit D: *Reasons and Persons*. Clarendon Press, Oxford, 1984.（森村進訳『理由と人格 非人格性の倫理へ』勁草書房，東京，1998.）

24 福岡伸一：動的平衡 生命はなぜそこに宿るのか．木楽舎，東京，2009.

25 もっとも、DNA 鎖の中にある一定の塩基配列である遺伝子から特定のタンパク質が生成されるのだが、同一の DNA 鎖から常に同じタンパクが生成されるわけではない。このことから、タンパクの生成は単に塩基配列に規定されるわけではなく、DNA 鎖が全体として自身が作るタンパク群を調整しているというような全体論的な主張が近年になってなされることがある。仮に、このような全体論を、細胞内の DNA 鎖にまたがって、さらには、脳内の神経細胞全体にまたがって敷衍するならば、脳内の DNA は全体として一つのまとまった機能を果たしていると言えるのかもしれない。しかし、このような機能といった質的要素を重視する立場では、再び質的同一性に存在の原理を求めることになり、数的同一性をもつ唯一の存在と

して神経細胞内の DNA が選ばれたというこれまでの議論の核心的な部分が破棄されることになりかねない。

第 6 章

26 Shoemaker D: Personal identity and practical concerns. *Mind*, 116(462), 317-357, 2007.

27 たしかに、その人が誰かという社会的承認の場面や、法的な同一性を問う場面では、現在でも、記憶説や身体説は社会の中でしばしば有効な指標とされている。しかし、あくまで実用的な指標としての意義があるだけであり、哲学における人の同一性の問題とは別個にするべきであろう。

28 Unger, P: I Do Not Exist. In G. F. Macdonald ed, *Perception and Identity: Essays Presented to A. J. Ayer with His Replies to Them*, Macmillan, New York, 1979, pp. 235-251.

29 今回は、アンガーにならってたまたま人間を細胞の集まりとしたが、それを、細胞内小器官の集まりとしても、分子の集まりとしても、原子の集まりとしても、素粒子の集まりとしても、結論は同じであろう。

30 Swinburne, R: How to determine which is the true theory of personal identity. In G. Gasser & M. Stefan eds, *Personal identity: Complex or simple?* Cambridge U.P., Cambridge, 2012, pp. 102-122.

31 Lowe EJ: The probable simplicity of personal identity. In G Gasser & M Stefan eds, *Personal identity: Complex or simple?* Cambridge U.P., Cambridge, 2012, pp. 137-155.

32 ところで、この身体を二つに離断する思考実験には、四次元主義と呼ばれる時空に関わる形而上学の立場から解決策も提案されている。この四次元主義では、元の人間も離断後の人間も一人の人間の時間的部分であり、それら時間的部分の総和からなる全体が人間であると考える。この考え方からすれば、元の人間と離断後の人間の同一性はそもそも問題とはならず、どちらも時間的部分として一人の人間としての全体を構成するものとなる。とくに四次元主義のワーム説を採用すれば、離断後にはレフティというワームとライティというワームが存在しており、離断前には両方のワームが重なって一人の人間としてのワームであったとされる。このような四次元主義からすれば、離断といった特別の思考実験をしない通常の人間の場合には、一人の人間は生誕から死までの間でひとくくりにされたワームとして同一性をもつことになる。しかし、この四次元主義を採用したときにも、ひとくくりにするときの両端をどこにするかという問題は残り、このときには記憶説や身体説といった他の規準にあらためて依存することになろう。

33 渡辺恒夫：〈私の死〉の謎 世界観の心理学で独我を超える．ナカニシヤ出版，京都，2002.

34 三浦俊彦：多宇宙と輪廻転生 人間原理のパラドックス．青土社，東京，

2007.
35 Block N: Consciousness, accessibility, and the mesh between psychology and neuroscience. *Behavioral and Brain Sciences*, 30: 481-499, 2007.
36 このように、クオリアは比較や反転が元来できないものである。できないものだが、「できる」という規則を仮構したものが「他者という規則」ではないだろうか。このように、筆者は「他者」を、われわれが仮構した規則であるととらえる。
37 かつて、「多重実現可能性」と呼ばれた、脳と心がトークン同一性をもつとする主張があった。この主張では、ヒトのＡという神経の発火でもイヌのＢという神経の発火でも同じ痛みクオリアｍを生起しうるとして、その説明にあたってそれぞれの神経発火にトークンとしての痛みクオリアが対応しうるとした。しかし、本書ではクオリアはトークンとして成立しないとする立場であり、多重実現可能性というアイデアは受け入れられないことになる。一方、「非法則一元論」と呼ばれる主張では、ヒトのＡという神経の発火には、痛みクオリアｍでも痒みクオリアｎでも様々なクオリアが対応しうるとされた。しかし、この主張においてもクオリアをトークンとしてとらえていることが含意されていることから、本書ではその主張も受け入れられないことになる。
38 “種”については、J. Lowe（1998）が存在者の形而上学を説明する上での重要な要素として取り上げているが、本邦では倉田（2017）が Lowe による種概念の重要性を支持しながら、種がもつ数え上げの役割を述べている。（J. Lowe, *The Possibility of Metaphysics: Substance, Identity, and Time*, Oxford University Press, Oxford, 1998; 倉田剛『現代存在論講義Ⅱ 物質的対象・種・虚構』新曜社，東京，2017.）
39 このようにクオリアに数多性がないとすれば、単数形のクアリ quale という記述が本来は適切であると考えられるが、本書では慣例に従い複数形のクオリア qualia という記述を続ける。

第Ⅲ部

プロローグ

1 Nagel, T.: *Mortal Questions*. Cambridge U.P., Cambridge, 1979.（永井均訳『コウモリであるとはどのようなことか』勁草書房，東京，1986.）
2 Silverstein, H. S.: The Evil of Death. *Journal of Philosophy*, 77, 1980, 401-424.
3 Yourgrau, P.: The Dead. *Journal of Philosophy*, 84, 1987, 84-101.（村上祐子訳「死者」『現代思想23：可能世界／固有名』青土社，東京，1995，pp. 193-208.）

4 鈴木生郎：死の害の形而上学．科学基礎論研究，39: 13-24, 2011.

5 杉本俊介：死の価値論的考察．応用哲学会報告配布資料，2011.

6 吉沢文武：生前説と四次元主義 死後の害に関する二つの見解の親和性．千葉大学大学院人文社会科学研究科，研究プロジェクト報告書，第203集『哲学的自然主義の諸相の展開』2011，pp. 101-111.

7 吉沢文武：死者の問題のためのいくつかの形而上学的枠組みについて マイノング主義の検討．*Contemporary and Applied Philosophy*, 4: 1-18, 2012.

8 死を始めから害悪と規定しない理由をさらに付け加えるならば、害悪ということ自体は本来経験的世界の出来事に対して与えられるものであるが、死は経験的世界をはみ出した超越的世界の出来事であり、自分の死は害悪とは本来無縁であると考えることもできるからである。

第７章

9 Chalmers D: Facing up to the Problem of Consciousness. *Journal of Consciousness Studies*, 2: 200-219, 1995.

10 Nagel T: The Object Self. In C. Ginet & S. Shuemaker eds, *Mind And Knowledge*, Oxford, Oxford University Press, 1986, pp. 211-232.

11 Block N: The Harder Problem of Consciousness. *The Journal of Philosophy*, 99(8), 2002, pp. 391-425.

12 Watanabe T: From Spiegelberg's "I-am-Me" Experience to the Solipsistic Experience, IHSRC 2009 (The 28th International Human Science Research Conference), 2009, pp. 16-22.

13 永井による"〈私〉の独在性"に関する提案は、下記の初期の著作において代表的になされているが、永井は比類のない私として特殊なあり方をする私を、〈私〉（ヤマ括弧の私）という特別な表記法を用いて、特定の人物に該当する「私」（カギ括弧の私）と区別している。本書においては、永井にならって主題となる対象の比類のなさを、しばしばヤマ括弧を用いて表現している。（永井均『〈私〉のメタフィジックス』勁草書房，東京，1986；永井均『〈私〉の存在の比類なさ』勁草書房，東京，1998.）

14 ただし、三浦（2002）はハーダープロブレムが存在することは錯覚であり、実際にはこれはハードプロブレムに解消されると主張した。彼は、それをハードプロブレムとハーダープロブレムが論理学的に同値であることを示すことによって明快に証明してみせた。しかし、両者が同値であれば当然ながら次のような主張もできよう。すなわち、ハードプロブレムこそハーダープロブレムに解消されるのであって、われわれには只一つの重要な問題としてハーダープロブレムが存在するという主張である。
三浦俊彦：「意識の超難問」の論理分析．科学哲学，35(2): 69-81, 2002.

15 永井均，入不二基義，上野修，青山拓央：〈私〉の哲学を哲学する．講談社，東京，2010.

16　前掲
17　永井均：存在と時間 哲学探究Ⅰ．文藝春秋，東京，2016.
18　ここで、クオリアにおける「内容」と「無内包の現実性」との関係を、心の哲学において「心」と「脳」との関係を説明するスーパーヴィーニエンス（付随）という概念と対比させることによって、その特徴を際立たせたい。まずは、スーパーヴィーニエンスについて述べる。先に述べたように、われわれの記憶、感情、意欲といった心理的な事象は、脳内の神経活動によって作られるというのが、現代科学における理解である。それに従えば、脳という物理的な事象が心理的な事象に対して影響を与える、もしくは、支配していることになる。それでは、心理的な事象が脳という物理的な事象に対して影響を与えることはあるかというと、この問に対して現代科学は「ない」と答える。つまり、世界内で生起する個々の物理的な事象は相互に因果関係を有しているが、それ以外は因果的に閉じており、物理的な現象が物理的な現象以外のいかなるものからも影響を受けることがないと考えるのである。このように、スーパーヴィーニエンスは、物理的な事象と心理的な事象との間で、前者が後者に影響することはあっても、その反対の影響はないという、きわめて一方向性の関係である。
これに対し、クオリアにおける「内容」と「無内包の現実性」との関係は、相互の影響に関する限り、一方向性の関係さえもたない。すなわち、他方に影響を与えることも、また、他方から影響を与えられることもなく、それぞれが独立した関係にある。たとえば、この自分が針の先を触って痛みを感じたとしよう。その時、痛みのクオリアはまぎれもなく自分だけの痛みとして感じるであろう。そして、次の瞬間にその痛みが痒みに変わったとしよう。しかし、このときも痒みのクオリアはやはり自分の痒みとして感じるであろう。このように、クオリアがどのような内容であるかに関わらず、針の先の感覚を体験するのはまぎれもなくこの自分自身であり、クオリアの「内容」が「無内包の現実性」自体に影響を与えることはない。他方、針の先の感覚を体験したのがたまたま自分であったからこそ、痛みの感覚であったのかというとそうではない。おそらく針の先の感覚はほとんどの人間で痛みやそれに似た感覚であろう。このように、あるクオリアが自分のものであるという「無内包の現実性」が、クオリアの「内容」がどうであるかということを規定したりすることはない。

以上のように、クオリアにおける「内容」と「無内包の現実性」との関係は、スーパーヴィーニエンスのような一方向性には影響が存在する関係とは異なって、互いに影響を及ぼし合うことのない独立した関係である。
19　永井均：世界の独在論的存在構造 哲学探究２．春秋社，2018，p. 24.
20　先のハーダープロブレムと永井らによる「無内包の現実性」との間でもっとも際立つ相違は、前者では当の問題が地球上の人間の誰にでも当てはまる問題であるとされているのに対し、後者ではそのような一般化が拒否さ

れてあくまでこの自分のみに関わる問題とされている点である。

21 永井均：私・今・そして神 開闢の哲学〈講談社現代新書〉，講談社，2004.

22 実のところ、〈私〉、〈今〉、〈ここ〉の3つの間の関係は、2つが決定すれば残りの1つも決定するという相互規定的な関係をもつ。たとえば、現実世界の人間について、〈今〉、〈ここ〉にいるのは誰かと問えば〈私〉をおいて他になく、また、〈私〉、〈今〉はどこにあるのかと問えば〈ここ〉をおいて他にない。このことからすれば、〈私〉という言葉は、〈今〉かつ〈ここ〉という言葉の言い換えに過ぎないと主張することもできよう。

23 このような内部的な視点と外部的な視点の対比は、永井が前掲21で指摘するようにマクタガートの時間論におけるA系列とB系列の対比の中に認めることができる。このA系列とB系列との対比については、第9章でとりあげる。

24 本書で言及した〈私〉、〈今〉、〈ここ〉のうち、とりわけ〈私〉に関しては、それが横に並ぶ隣接項がないことを、“私の哲学”の一翼を担う入不二（2006）が、初期ウィトゲンシュタインの解釈を通じて強調している。（入不二基義『ウィトゲンシュタイン「私」は消去できるか』日本放送出版協会，東京，2006.）

第8章

25 心理的な現象を脳の活動が規定することについては、スーパーヴィーニエンスとして前掲18で説明したとおりである。

26 このことについて、永井は次のように述べる。—そもそも、全治全能の者の知識の中で、永井均が〈私〉であるという知識が含まれていない。（中略）全宇宙において成立しているあらゆる事実を全て記載した厖大な書物を想定した場合、そのどのページにも、数十億の生きた人間のうちのどれがこの私であるかは記載されていない。（永井均『〈私〉のメタフィジックス』勁草書房，東京，1986，p. 77.）

27 Kohnstamm D, Wengenroth M: *Und plötzlich wurde mir klar: Ich bin ich! : Die Entdeckung des Selbst im Kindesalter.* Verlang Hans Huber, Bern, 2004.（渡辺恒夫，高石恭子共訳『ドルフ・コーンスタム 子どもの自我体験 ヨーロッパ人における自伝的記憶』金子書房，東京，2016.）

28 渡辺恒夫：《他者》とは時間を異にした《私》なのか 現象学で幼少期の体験を解明して遠望される死生観.『人文死生学宣言 私の死の謎』渡辺恒夫，三浦俊彦，新山喜嗣編，春秋社，東京，2017，pp. 71-106.

29 少なくとも、空間の次元である〈ここ〉が死後の特異点に関わることはないように思われる。それは、身体性を失った死後の自分が、地球上や宇宙空間の特定の場所に位置することはないからである。一方、死後における自分の特異点の、人称や時間の次元への関連については議論の余地がある

と考えられ、これらについては、後章において死後の〈私〉は孤独かという問題と死後の〈今〉は永遠かという問題として議論の対象とするつもりである。

30　異なる世界の対象間の同一性としての「貫世界同一性」が成立する根拠について、本書は Kripke S.（1980）に従って貫世界同一性は最初から約定されているという立場をとる。つまり、始めに各世界があって、そこに自分の特異点がたまたま存在するのではなく、自分が生きている現実世界の自分の特異点について、現実世界とは異なって自分が死んでいるという世界を可能世界として割り振るのである。このとき、各世界の特異点の間での同一性は、可能世界が割り振られるための前提条件としてすでに先行していることになる。—Kripke S: Naming and Necessity. Basil Blackwell, Oxford, 1980.（八木沢敬，野家啓一訳『名指しと必然性』産業図書，東京，1985.）

31　Armstrong D: *Universals: An Opinionated Introduction*, Westview Press, Boulder, 1989.（秋葉剛史訳『現代普遍論争入門〈現代哲学への招待〉』春秋社，東京，2013.）

32　これまでの哲学の議論では、ここで主題とする存在者一般に関する形而上学の問題と、第Ⅱ部の第6章で論じたような人の同一性の根拠に関する問題は、それぞれ別個に議論されてきた経緯がある。ただし、人の同一性の根拠に関する「還元説」と「非還元説」との対立は、存在者一般に関する「束説」と「基体における属性説」の対立が、人に特化されたものととらえることができるかもしれない。

33　本章ではアプリオリとアポステリオリの概念をこのようにとらえることから、これらを文字通りに認識における先天と後天とするクリプキのような見解とは異なっていることに留意されたい。

34　de dicto はラテン語で「語られたことに関する」ことを、また、de re は「事物に関する」ことを意味し、ともに中世論理学に端を発する用語である。

35　身体性を失ったときには、空間的次元だけでなく人称的次元も失うだろうという意見があったとすれば、それは誤りである。なぜなら、他者の死に関しても、空間性のみを失って人称の次元が温存されることが論理的に可能である以上、このような他者との間で作られるこの自分についての人称性を否定してしまう必要はないからである。

第9章

36　McTaggart JE: The Unreality of Time. *Mind*, 17(4), 1908, pp. 457-474.

37　Prior AN: *Past, Present and Future*. Oxford University Press, Oxford, 1967.

38　Mellor DH: *Real Time*. Cambridge University Press, Cambridge, 1981.

39　Bigelow J: Presentism and Properties. In J. Tomberlin, *Philosophical Perspec-*

tives 10 Metaphysics, Blackwell, 1996, pp. 35-52.

40 Hinchliff M: The Puzzle of Change. In J. Tomberlin, *Philosophical Perspective 10 Metaphysics*, Blackwell, 1996, pp. 119-136.

41 このような主張はすでに永井（2004）によってなされており、彼によればこの〈私〉と類比的であれるとされるこの〈今〉は、他のたくさんの時点の今とは区別される端的な〈今〉であるとされる。

42 このように、今の自分と生涯の自分との関係を、部分と全体といったメレオロジカルな関係としてとらえる見方が「四次元主義」と呼ばれる考え方の中にあり、これは自分を身体性としてとらえたときにはよく符合しえるのかもしれない。しかし、死後において身体性が捨象された特異点としての自分には、全体の要素となるための一定の幅をもった部分としての機能が始めから欠如している。

43 〈今〉の事象が変化することに関し、〈今〉が事象の連続の上を動いて行くという表象のもとにとらえても、〈今〉に対して事象の連続が動いて行くという表象のもとにとらえても、〈今〉と事象との間で作る相対的な関係は同じであってどちらでもいいように見えるかもしれない。しかし、特異点がもつA系列主義をとる限り前者は断固として認められない。なぜなら、事象の連続が前もって実在することはB系列主義の永遠の時間の実在を認めることになり、〈今〉しかない現在主義にとっては容認し難いことだからである。また、後者についても、あらかじめ事象の確定的な連続が用意されているのではなく、〈今〉にとっての事象が〈今〉において次々に変化してゆくという理解のみが、唯一の〈今〉に関する適切な理解となろう。

44 Shoemaker S: Time without Change. *The Journal of Philosophy*, 66: 363-381, 1969.

45 Horwich P: *Asymmetries in Time*, MIT Press, 1987.（丹治信春訳『時間に向きはあるか』丸善，東京，1992.）

46 青山拓央：時制的変化は定義可能か マクタガートの洞察と失敗．科学哲学，37(2): 59-70, 2004.

著者略歴

新山 喜嗣（にいやま・よしつぐ）

1957年生まれ。秋田大学医学部医学科卒業。秋田大学大学院医学系研究科保健学専攻教授。医学博士。専門は、精神医学・大脳生理学・死生学。著書に『ソシアの錯覚――可能世界と他者』『人文死生学宣言――私の死の謎』（共著）（ともに春秋社）など。

死

生命はなぜ死を受け入れたのか、
また、私は死ねばただ無になるのか

2022年 3 月20日　第 1 刷発行

著　者――新山喜嗣
発行者――神田　明
発行所――株式会社 春秋社
〒101-0021 東京都千代田区外神田2-18-6
電話 03-3255-9611
振替 00180-6-24861
https://www.shunjusha.co.jp/
印　刷――株式会社 太平印刷社
製　本――ナショナル製本 協同組合
装　幀――芦澤泰偉

Copyright © 2022 by Yoshitsugu Niiyama
Printed in Japan, Shunjusha.

ISBN 978-4-393-32398-4
定価はカバー等に表示してあります